생각 사용 설명서

정신과 의사가 들려주는
생각 사용 설명서

정신과 전문의 전현수 지음

불광출판사

책을 열며

2003년 여름 미얀마 양곤에 있는 한 명상센터에서 명상을 하던 중 생각의 정체를 알게 된 것이 내 인생의 큰 전환점이 되었다. 그 전에는 생각은 내가 내 마음대로 한다고 생각했다. 이렇게 생각하고 싶으면 이렇게 생각하고 저렇게 생각하고 싶으면 저렇게 생각한다고 생각했다. 그래서 내 생각을, 그리고 인생을 내 마음대로 할 수 있다고 생각했다. 그런데 명상을 통해 생각을 자세히 관찰해보니 생각은 내 의지하고는 관계없이 조건에 따라 떠오른다는 것을 알았다. 우리는 우리 속에 떠오른 생각의 영향을 받는데 그것을 우리 마음대로 못한다는 것은 심각한 이야기다. 그래서 어떤 것이 생각으로 떠오르고 어떤 원리로 떠오르는지를 관찰하여 그것에 대해 알게 되었다.

이러한 사실을 알게 되면서 내 자신을 보는 것도 달라지고 정신 치료(정신 분석)를 하는 정신과 의사로서 환자를 보는 시각도 달라졌다. 내 인생과 환자 치료가 달라졌다. 내 자신의 괴로움이 많은 부분 생각에서 오는

것을 알고 생각을 놓으면서 괴로움이 많이 없어지는 것을 경험했다. 인간으로서 이것은 불가피한 괴로움이라고 하는 것도 생각을 따라가지 않고 놓으면서 없어졌다. 이러한 경험을 환자들과 같이 나누었다. 환자들에게 생각의 속성을 설명하고 생각이 어떻게 괴로움과 정신적인 문제로 연결되는지 그리고 생각을 어떻게 다스릴 것인지를 가르쳐주었다. 환자들의 문제 해결에도 큰 도움이 되었다.

이 책에는 명상을 통해서 생각의 본질을 발견하게 된 내 자신의 경험과 그러한 경험이 내 삶에 어떤 영향을 미쳤는지 그리고 생각에 대한 나의 경험을 환자들의 문제 해결에 어떻게 이용하였는지가 구체적으로 들어있다.

이 책에는 생각에 대한 것뿐만 아니라 그동안 명상과 불교 공부, 불교 수행을 하면서 경험한 것, 정신과 의사이자 한 인간으로서 살아오면서 겪은 것, 그리고 환자들과 만나면서 환자들의 문제를 해결하면서 경험하고 터득한, 인생을 살아가면서 도움이 되는 지혜를 담고 있다.

이 책은 4부로 구성되어 있다. 1부(생각을 보다)에서는 생각의 본질, 생각이 정신에 미치는 영향 그리고 생각을 다스리는 방법에 대해 이야기한다. 구체적으로 생각의 본질과 속성이 무엇이며 생각이 어떤 식으로 일어나는지 그 원리를 밝힌다. 생각이 어떻게 정신적인 문제를 일으키는지 그 기전에 대해서도 이야기한다. 생각을 다스리는 구체적인 방법을 제시한다. 그리고 생각이 어떻게 실제를 못 보게 하는지, 생각이 없어지면서 실제를 어떻게 있는 그대로 볼 수 있는지에 대해 이야기하고 자유의지의 속성에 대해서도 내가 관찰한 것을 말한다.

    2부(나를 보다)에서는 우리 자신을 잘 알 수 있는 길과 우리에게 정신적인 문제가 생겼을 때 그것을 해결하는 길이 제시되어 있다. 첫 기억을 통해 자신이 어떤 사람인지를 알 수 있는지를 구체적인 예와 함께 살펴보았고, 자기분석을 통해 자기 스스로 자기 문제를 해결하는 길이 제시되어 있고, 우리가 살아가면서 겪는 발표 불안, 강박증, 술 문제, 정신병을 극복하는 길이 제시되어 있다.

    3부(마음을 보다)에서는 정신이 건강한 사람은 어떤 사람인지 실제 모델이 제시되어 있다. 인간관계의 본질인 주고받는 것에 대해 이야기하면서 사랑도 이 원칙 위에서 일어난다는 것을 밝히고 어떻게 해야 진정한 사랑을 하는지를 알아보았다. 가족과 갈등이 있을 때 어떻게 극복하는지와 직장에서 위기가 왔을 때 지혜롭게 넘기는 길에 대해 이야기 한다. 돈과 정신건강과의 관계에 대해서도 다루고 있다.

4부(인생을 보다)에서는 우리를 힘들게 하는 비교를 어떻게 벗어날 수 있는지 알아봤고, 조건적인 행복, 자유를 넘어서서 제약이 없는 행복과 자유를 얻을 수 있는지 그 가능성에 대해 논의하고 있다. 안 좋은 상황에서 우리 자신을 지키는 것에 대해 이야기하고, 건강한 정신을 가져다주는 열여덟 가지 조건을 제시하고 있다.

이 책은 생각을 다스리는 것을 중심으로 하여 어떻게 하면 정신이 건강하고 행복하게 살아갈 수 있는지 그 길을 모색하고 있다.

이 책은 2010년에 『정신과 의사가 붓다에게 배운 마음치료이야기』를 쓴 이후에 명상과 불교 공부, 불교 수행을 하면서 경험한 것 그리고 환자들과 만나 환자들의 문제를 해결하면서 나눈 이야기들을 담고 있다.

많은 분들이 이 책을 쓰는데 도움을 주었다.

무엇보다도 나의 경험을 같이 나눌 수 있었던 환자분들이 없었다면 이 책은 가능하지 않았을 것이다. 나의 경험에 바탕을 둔 새로운 치료를 같이 한 그분들에게서 배운 것이 많다. 나를 믿고 나와 자신의 문제를 해결하기 위해 노력한 환자분들과 다른 사람들에게 도움이 된다면 자신의 이야기를 책에 써도 좋다고 허락해준 환자분들에게 고마움을 표한다.

아내에게도 고마움을 느낀다. 세속적인 것보다는 명상과 불교 수행을 추구하는 사람을 이해하고 가능하면 같이 그 길을 가려고 하는 그 마음이 언제나 나에게는 큰 힘이 된다.

좋은 책 출판을 위해 항상 애를 쓰고 있는 불광출판사 류지호 주간을 비롯해 편집을 담당했던 이상근 부장 그리고 디자인을 비롯해 여러모로 애를 써준 불광출판사 직원들에게도 고맙다는 말을 전한다.

끝으로 이 책을 쓰는데 도움을 준 모든 분들에게 감사를 드린다.

차 례

책을 열며 ·· **005**

1부·· 생각을·· 보다··

'생각'에 대한 치명적인 오해 ·· **017**
생각? 입력된 것이 떠오른다 ·· **022**
의지의 속성 ·· **028**
내게 영향을 주는 것은 '밖'이 아니다 ·· **035**
왜 생각이 문제인가? ·· **042**
생각을 멈추는 힘 ·· **048**
생각을 다스리는 방법 ·· **055**
생각과 실제 ·· **066**
생각이 없으면 안 되나? ·· **076**

2부·· 나를·· 보다··

당신의 첫 기억은 무엇입니까? ·· 089
자신의 마음을 그대로 드러내세요 ·· 095
왜 싫어하던 사람을 닮아갈까? ·· 100
가짜 고민도 힘들다 ·· 105
자신의 문제를 스스로 진단하는 방법 ·· 111
미리 생각하는 것을 멈추어야 한다 ·· 120
불안한 생각이 계속 떠오를 때 ·· 125
자신을 믿지 말라, 몸과 마음은 내 것이 아니다 ·· 132
마음을 치료하기 위한 조건 ·· 140

3부·· 마음을·· 보다··

지나간 일에 대한 갈등이 없다면 정신이 건강한 사람 ·· 149
모든 인간관계는 주고받는 것이다. 사랑도 예외는 아니다 ·· 158
열등감은 없다. 나만의 가치를 안다면 ·· 163
호흡이 맞지 않으면 함께 여행을 떠나라 ·· 168
부모와 자식의 의견이 상반될 때 ·· 173
행복해지려면 행복해지는 일을 해야 한다 ·· 178
누구나 흔들릴 때가 있다 ·· 187
성적 때문에 고민인 자녀가 있다면 ·· 192

4부·· 인생을·· 보다··

나는 누구를 가장 사랑할까 ·· 201
조건이 있다면 진정한 자유와 행복이 아니다 ·· 206
비교에서 벗어나자 ·· 215
원망이 생길 때 마음을 단속하는 방법 ·· 221
붓다에게 배운 마음치료 이야기 ·· 226
건강한 정신을 위한 열여덟 가지 조언 ·· 230

1부·· 생각을·· 보다··

'생각'에 대한
치명적인 오해

　흔히 사람들은 '생각'을 자기가 하는 것으로 알고 있다. 내 마음대로 이 생각 저 생각을 하고, 또 안 해야 되겠다고 하면 안 할 수 있는 것으로 안다. 물론 가끔은 어떤 생각은 자기가 하고 어떤 생각은 그냥 떠오른다고 말하는 사람들도 있다. 생각에 대해 조금이라도 관찰을 해본 경험이 있는 사람들이다.

　여하튼 내가 진료실에서 만난 환자들 중에 생각이 '그냥 떠오른다'고 대답한 사람을 아직까지는 보지 못했다. 사실 나도 그랬다. 미얀마에서 한 달간의 수행체험이 있기 전까지는.

　나 역시 '생각'은 '내'가 한다는 굳건한 믿음이 있었다. 때문에 '생각'이 나에게 그 정체를 드러냈을 때, 그 놀라움은 이루 말할 수 없었다. 하지만 결론부터 얘기하자면 생각은 내 노력이나 의지하고는 아무 상관이 없이 일어난다.

물론 처음엔 의심이 들어서 정말 그런 것인지 계속 생각을 관찰했다. 관찰의 반복을 통해서도 사실은 변하지 않았다. 이렇게 순간순간 몸과 마음을 관찰하는 습관은 지금도 계속되고 있다.

생각은 하는 것이 아니라 떠오르는 것이다

생각을 포함한 마음의 작용은 매우 빨라서 자세히 관찰하지 않으면 있는 그대로 알기 어렵다. 마음의 작용은 생각의 형태를 취하기도 하고, 느낌이나 감정으로 나타나기도 하고, '저것이 무엇이구나' 하는 것을 아는 인식으로 나타나기도 하고, 의지나 의도의 형태로 나타나기도 하고, 전반적으로 파악하고 의식하는 것으로 나타나기도 한다. 이렇게 나타나는 양상은 달라도 마음이 작용하는 속성은 똑같다. 순간적으로 자세히 관찰해보면 다 떠오르는 것이다. 마음의 작용인 면에서는 같지만 내용이 다르니 붙이는 이름이 다르다. 생각, 느낌, 인식, 의지, 의식 등등….

생각에 대해서 사람마다 다른 뜻으로 쓸 수 있기 때문에 우선 '내가 의미하는 생각은 이런 것이다' 하고 밝히는 것이 앞으로 내가 한 경험을 전하는데 오해가 없을 것 같다.

내가 앞으로 사용하는 '생각'은 지금 현재 뭘 하고 있을 때 그것과는 다른 것이 떠오르는 것을 말한다. 예를 들면 누구랑 이야기하는 동안 갑자기 어제 있었던 일이 떠오르면 그것은 생각이다. 또 가만히 앉아서 아무것도 하지 않고 그게 뭐지 하면서 뭘 떠올리거나 그것을 이어서 떠올릴 때, 이것도 생각이다. 마음이 실제 존재하는 것에 집중하는 것은 생각하는 것이 아니다. 그것을 보고 어떤 것을 떠올리면 그것은 생각이다. 이러한 것을 나는 생각이라고 한다. 어떤 내용이든 과거나 미래를 떠올리는 것은 생각하는 것이다. 생각의 대표적인 것이 과거나 미래로 마음이 가는 것이다. 누가 생각이 많다고 하면 대부분 과거나 미래로 마음이 가 있는 것이다. 사람에 따라서 과거로 생각이 많이 간 사람도 있고 미래로 생각이 많이 간 사람도 있다.

만약에 우리가 생각을 했다고 할 수 있으려면 다음의 조건을 만족시켜야 한다. 내가 앞으로 이런 생각을 해야지 하고 그 다음에 그 생각을 하면 그 생각은 내가 한 생각이다. 마치 내가 어떤 물건이 필요해서 그것을 가져 왔다면 그것은 내가 가져온 것이다. 그런데 어떤 물건이 필요하지도 않고, 가져와야지 하고 생각도 안 하고 있는데 그 물건이 하늘에서 툭 떨어져 내 앞에 보였을 때 그 물건을 내가 가져왔다고 말할 수는 없다. 그 물건이 떨어지기 전에 그 물건이 떨어질지 아니면 다른 일이 벌어질지는 모르는 것이다. 즉, 예측이 안 되는 것이다. 그 물건에 대해 내가 떨어뜨렸다고 말할 수 없다. 그처럼 생각을 있는 그대로 관찰해보면 어떠한 생각에도 앞선 생각이 없다. 갑자기 어떤 생각이 떠오르는 것이다. 그렇게 떠오르는 생각에 대해 내가 했다고 하면 말이 맞지 않는다. 우리가 실상을 모르는 것이다. 이러한 생각의 실상을 보여주기 위해 진료실에서 환자를 만날 때나 강의나 강연을 할 때 "지금 어떤 생각을 만들어 한 번 해보십시오." 하고 주문을 한다. 그리고 나서 그것이 가능한지를 물어보면 어떤 사람은 불가능하다고 대답하고 어떤 사람은 자기가 어떤 생각을 했다고 대답한다. 그러면 생각을 하는 것이 가능하다고 한 사람에게 어떤 생각을 했는지 그 내용을 물어본다. 그러고 난 뒤 그 생각의 앞에 그 생각이 있었는지를 물어보면 그렇지 않았다고 한다. 그렇다면 그 특정한 생각이 떠오르기 전에 그 생각이 날지 아니면 다른 생각이 날지 어떻게 알 수 있느냐고 물어본다.

이 글을 읽고 있는 여러분도 책을 덮고 자신의 노력으로 생각을 한 번 해보기 바란다. 그리고 그것이 가능한지 한 번 관찰해보자. 혹 그것이 가능하면 언제든 나에게 연락을 하면 된다. 내가 틀린 것일 테니까.

그러면 그냥 떠오르는 생각을 우리는 왜 '우리가 한다'고 생각할까? 아마 다음과 같은 이유 때문일 것이다. 첫째, 생각은 굉장히 빨리 일어나는 것이기 때문에 생각의 이러한 속성을 관찰하기 어렵다. 둘째, 우리가 쓰는 언어 습관 때문이다. 우리는 '나는 생각을 한다', '너도 생각을 해봐라', '생각해서 말하는 습관을 들여라' 등등의 표현을 쓴다. 그리고 그것이 사실인 줄 안다. 생각을 순간적으로 있는 그대로 관찰해서 생각의 정체를 보기 전에는 우리가 관습적으로 쓰는 말에 의심을 품기 어렵다. 세 번째, 생각을 할 때 생각의 내용이 연관 관계 속에 있기 때문에 '내'가 했다고 생각한다. 그 연관 관계를 따라서 내가 하고 있다고 생각한다. 그러나 사실 생각을 있는 그대로 보면 그 연관 관계도 순간적으로 아주 빠른 속도로 떠오르고 있다. 대략 이러한 이유로 인해 사람들은 자신이 생각을 한다고 무의식중에 믿고 있다.

그런데 나와 같은 생각을 한 사람을 한 명 발견했다. 하버드 대학교 교수이자 최초의 심리학 교과서 저자로 알려져 있는 윌리엄 제임스(William James, 1842-1910)이다. 그는 정신과 의사이자 심리학자 그리고 철학자로 활동했다. 그는 '비가 온다'를 'It rains', '바람이 분다'를 'It winds'라고 하듯이 생각도 'I think, You think' 하면 안 되고 'It thinks'로 해야 한다고 주장했다. 지금은 이 세상 사람이 아니라 왜 그렇게 말했느냐고 물어볼 수 없지만 아마 나와 같은 경험을 했을 것이다.

우리의 생각을 순간적으로 잘 관찰해보면 조건에 따라 비가 오고 바람이 불듯이 우리의 생각도 조건에 따라 떠오른다는 것을 알 수 있다.

생각?
입력된 것이 떠오른다

생각이 떠오르는 것이라면 어디서 어떻게 떠오르는 것일까?

비유한다면 물이나 가스, 기름 같은 걸 넣어두는 탱크 같은 곳에서 생각이 떠오른다고 할 수 있을 것 같다. 이곳에서 어떤 것이 떠오르는지 관찰하면 그 속에 입력된 것이 떠오른다는 걸 발견할 것이다. 실제 그렇다. 살아오면서 나에게 입력된 것 중 어떤 것이 떠오른다. 입력된 것이 그대로 떠오르기도 하고 결합되거나 변형되어 떠오르기도 한다. 이것을 정확히 알기는 어렵다. 분명한 것은 우리 속에 든 것이 떠오른다는 사실이다. 우리가 살아오면서 지금 이 순간까지 우리 속에 입력된 것 중에 어떤 것이 떠오른다.

우리에게 입력된 것은 엄청나게 많다. 그래서 우리 생각의 탱크는 용량이 엄청나다. 이 생각의 탱크는 컴퓨터에 비유할 수 있다. 용량이 엄청나게 큰 컴퓨터다. 이 컴퓨터가 보통의 컴퓨터와 다른 점은 보통의 컴퓨터는 입력된 것을 지울 수 있는 기능이 있지만 이 컴퓨터에는 그런 기능이 없다는 것이다. 지울 수 없다는 것의 의미는, 입력된 것은 없어지지 않고 언제든지 떠오를 수 있다는 것이다. 떠오를 수 있는 조건이 되면 언제든지 떠오른다. 방심할 수 없다. 예를 들어 말하면 바람기가 있는 남자가 정신 수양을 해서 여자에 흔들리지 않은 사람이 되었다고 해서 완전히 그런 위험성이 그 사람에게서 없어졌다고 볼 수 없다는 것이다. 다시 야한 사진을 보고 바람기 있는 친구들과 어울리고 술을 마시면 다시 과거처럼 여자에 흔들릴 수 있다는 것이다.

생각이 입력된 데서 떠오른다는 사실을 알면 왜 아인슈타인이 물리를 잘하는지 이해할 수 있다. 아인슈타인의 생각 탱크에는 물리로 꽉 차있기 때문이다. 모차르트가 음악을 잘하는 것은 음악으로 꽉 차있기 때문이다. 한국 사람이 한국말을 잘하는 것은 한국말로 꽉 차있고, 미국 사람이 영어를 잘하는 것은 영어로 생각의 탱크가 꽉 차있기 때문이다. 우리 생각의 탱크가 무엇으로 차있는지 알아봐야 한다. 그러면 우리가 무엇을 잘 할 수 있는지 알 수 있다.

입력된 것이 우리다

여기까지 관찰하고 다시 관찰을 했다. 이번에는 어떤 경로를 통해서 입력되는지에 대해서다. 관찰을 해 보면 모두 여섯 가지 경로를 통해 입력되는 것을 알 수 있다. 눈, 귀, 코, 혀, 몸, 정신을 통해 생각의 탱크에 입력이 된다. 눈으로 본 것은 무엇이든지 입력이 된다. 눈은 사진기다. 눈으로 볼 때 뭐든지 찍힌다. 눈이라는 사진기를 통해 뭐든지 찍히고 바로 저장된다. 우리가 요즘 쓰는 휴대폰은 사진을 찍고 난 뒤 버튼을 눌러야 저장이 되지만 눈은 보기만 해도 바로 저장이 된다. 우리의 눈은 사진기보다 훨씬 성능이 좋다. 우리는 하루 종일 뭔가를 찍고 저장한다. 우리 생각의 탱크는 용량이 엄청 크다고 했다. 그럴 수밖에 없다. 눈이라는 사진기로 사진을 찍을 때 쓴 필름이 얼마나 많겠나? 지금까지 쓴 필름을 연결하면 지구를 몇 바퀴 돌 수도 있을 것이다. 귀도 마찬가지다. 귀는 녹음기다. 그동안 사용한 녹음테이프를 모으면 얼마나 많겠나? 코도 냄새를 맡고 저장하는 장치가 있다. 필름이나 녹음테이프처럼 냄새를 저장하는 수단과 장치가 있다. 혀와 몸도 마찬가지다. 정신도 우리가 정신 작용을 할 때 그것이 저장된다. 우리가 한 생각이 또 저장이 된다. 특수한 장치와 수단을 통해 저장된다. 이렇기 때문에 우리의 컴퓨터는 용량이 엄청난 것이다. 붓다는 이런 말을 했다. "바다는 단지 물이 많이 있을 뿐이다. 눈(귀, 코, 혀, 몸)은 사람의 바다로, 형상(소리, 냄새, 맛, 감촉)으로 이루어져 있다."(『바다로의 경』, 상윳따 니까야 제4권 593~594쪽) 아마도 붓다는 우리 속에 입력된 것이 엄청나다는 것을 알고 그렇게 말하지 않았나 한다.

 개는 코를 통해서 입력된 것이 많다. 사람은 눈과 정신을 통해 입력이 된 것이 많다. 현대인은 특히 정신을 통해 입력된 것이 많다. 정신 작용이 입력된다는 사실이 중요하다. 생각을 하고 느끼면 그것이 입력된다. 예를 들어 두 사람이 같은 영화를 본다고 하면, 두 사람이 졸지 않고 영화를 볼 때 눈과 귀로 입력된 양은 같다. 하지만 영화를 다 보고 난 뒤 한 사람은 그 영화에 대해 계속 생각했고 다른 한 사람은 영화에 대해 아예 생각을 안 했다면 영화를 계속 생각한 사람이 안 한 사람에 비해 입력된 양이 많다. 입력한 양이 많을 때 그것이 떠오르기 쉽다. 공부를 잘하려면 공부에 대한 입력이 많아야 한다. 사실 우리가 지금 할 수 있는 것을 보면 어떤 식으로든 입력된 것이다. 지금 외국어를 할 수 있다면 외국어가 입력되었기 때문이다. 우리가 뭘 하고 싶은 것이 있으면 그것이 입력되어 있는지를 봐야 한다. 입력되어 있지 않으면 먼저 입력을 시켜야 한다.

떠오르는 것을 관찰해보면 주로 최근에 일어난 것이 가장 잘 떠오르는 것을 알 수 있다. 지금 내가 어떤 생각을 하고 어떤 마음을 먹고 뭘 경험하느냐가 중요하다. 그래야 지나간 과거에 얽매이지 않고 새로운 출발이 가능하다.

입력된 것이 우리가 된다. 나는 사람을 볼 때 '저 사람 속에는 무엇이 입력되어 있을까' 하고 생각한다. 누구를 만나서 무슨 대화를 나누고, 무슨 책을 읽고 무슨 생각을 하고 무엇을 보았는지가 그 사람이 된다. 이렇게 놓고 본다면 입력을 할 때 매우 조심해야 한다는 것을 알 수 있다. 입력한 것에 영향을 받기 때문이다. 나는 고등학교를 졸업하고 두 달을 해인사 암자에서 보낸 적이 있다. 그 당시에는 전기 사정이 좋지 않아 밤에 우물가에 물을 뜨러 가려면 캄캄한 뜰을 지나서 가야 했다. 하루는 친구

가 도시에서 찾아왔다. 자기 전에 우물가에 가서 물을 떠오도록 시켰는데 못 가겠다고 했다. 그래서 이유를 물으니 심령과학책을 많이 봤다고 하면서 밖에 귀신이 많다고 하였다. 이 친구의 컴퓨터에는 심령과학에 대한 것이 많이 입력이 되어 그때 그런 내용이 떠오르면서 그 영향을 받았던 것이다.

무엇을 보고 들을 때 그것이 내가 된다고 생각해야 한다. 2003년 미얀마에서 수행하면서 이런 사실을 알았다. 그때부터 나는 내 속에 들어가는 것을 원치 않는 것은 입력을 시키지 않으려고 노력한다. 보고 싶지 않은 것은 보지 않으려고 하고 다시 생각나기를 원치 않는 것은 생각하지 않으려고 노력한다.

의지의
속성

　우리가 안다고 생각하는 것과 실제가 반드시 일치하는 것은 아니다. 마음이나 생각과 관련된 것들은 더욱 그렇다. 이런 사실을 아는데 수행이 큰 도움이 되었다.

　대표적인 것 중에 하나가 '의지'에 대한 것이다. 우리는 의지는 '내'가 만드는 것으로 알고 있다. 사전의 정의 역시 마찬가지다. 외적인 제약이나 구속을 받지 않고 내면의 동기나 이상에 따라서 어떤 목적을 위한 행동을 '자유롭게' 선택하는 것이라고 되어 있다. 그래서 의지라는 말 앞에는 그림자처럼 '자유'라는 말이 따라 붙어 흔히 자유의지라고 표현한다. 그런데 정말 우리가 우리 마음대로 어떤 의지라도 자유롭게 낼 수 있느냐 하는 것은 따져 봐야 할 문제다.

　자유의지가 남의 강요에 의하지 않고 스스로 의지를 내는 것이라고 한다면 물론 우리에게는 자유의지가 있다. 아무도 부인할 수 없다. 그러나 자유의지를 어떤 조건에도 관계없이 우리가 원하는 대로 언제나 낼 수 있는 의지라고 정의한다면 우리에게는 자유의지가 없다. 자신의 의지를 관찰해보면 의지도 순간적으로 생각처럼 떠오른다는 것을 알 수 있다. 그 순간은 내 자신의 내부적 상태에 영향을 받는다.

'자유의지'에 따라 하루를 살아보자 하면서 하루 종일 이것을 실험하면서 보낸 적이 있다. 가능하지 않았다. 내가 원하는 대로 어떤 의지를 내기보다는 어떤 의지가 떠오르는 것을 볼 수 있었다.

이것에 대한 확신이 들었던 건 2006년에 미국 로스앤젤레스에서 열린 SEPI(Society for Exploration of Psychotherapy Integration) 학술대회에 참가했을 때였다. 그 학술대회에서 두 명의 저명한 정신과 의사가 뇌 과학에 대해 발표하였는데 그 발표를 들으니 뇌가 엄청나게 빠른 속도로 뇌 부위들 간에 연결되어 순간적으로 작용하는 것을 확인할 수 있었다. 그것을 보니 내 자신의 생각이나 의지와 같은 정신 작용을 관찰하면서 경험한 사실이 그럴 수밖에 없었던 이유를 알았다.

2009년에 티베트 망명 정부가 있는 인도 북부의 다람살라에서 달라이 라마를 만나 한 시간 동안 대화를 할 기회가 있었다. 그때 나는 평소에 궁금하던 몇 가지 질문을 던졌다. 첫 번째 질문은 불교에서는 생이 계속된다고 하는데 그것을 어떻게 알 수 있느냐 하는 것이었고, 두 번째는 자유의지에 대해서, 세 번째는 성격 형성, 네 번째는 꿈을 어떻게 해석할 것이냐는 질문이었다.

첫 번째 질문에 대한 대답을 듣는 데만도 한 시간이 훌쩍 넘어버렸다. 달라이 라마는 내게 영어 통역을 담당한 스님과 대화를 계속 이어나가도록 배려해 주었다. 다음 날 영어 통역을 담당한 스님과 만났다. 통역을 담당했던 스님 역시 수행을 많이 해 달라이 라마가 무척 신뢰하고 있는 분이었다. 그 스님에게 자유의지에 대한 이야기를 계속해서 물어보았다. 우선 내가 관찰한 자유의지에 대해 이야기했더니 자신도 그렇게 생각한다고 했다. 그러면서 내가 관찰한 것을 하나하나 확인해 주었다.

의지도 조건에 따라 나고 사라지는 것

자유의지에 대해서는 철학계에서도 오랫동안 논쟁이 있었다고 한다. 2010년 서울대 철학과에서 있었던 소규모의 학술 모임에 참석한 적이 있는데 그때의 주제가 '자유의지는 있는가 없는가'였다. 그날 학술 모임의 분위기는 본질적으로 자유의지가 없다는 것이었지만 자유의지가 없다고 못을 박기에는 자유의지가 있다는 주장에 효용성이 있다는 것이었다.

불교 경전에 '행은 남으로부터(parato: 빨리어) 온다. 나로부터(attanā: 빨리어) 오지 않는다'는 내용이 나온다. 행이란 의도, 의지를 말하는 불교 용어다. 의지가 우리 스스로 자유롭게 내는 것이었다면 불교 경전에서는 의지가 나로부터 온다고 했을 것이다. 하지만 그렇지 않고 우리의 통제를 벗어난 것이기 때문에 남으로부터 온다는 표현을 썼을 것이다. 불교 경전에 보면 다음과 같은 질문과 답변도 있다. 붓다를 만난 이가 의도, 의지에 대해 '누가 하고 누가 받느냐'는 질문을 한다. 이해하기 쉽게 말하면 '누가 술을 마시고 누가 취하느냐'는 취지의 질문이었다. 질문자가 붓다에게 '내가 하고 내가 받느냐'고 물으니 붓다는 아니라고 대답한다. 다시 '그러면 남이 하고 남이 받느냐'고 물으니 붓다는 또 아니라고 대답한다. 다시 '그러면 내가 하고 내가 받기도 하고, 남이 하고 남이 받기도 하냐'라고 물으니 그것도 아니라고 대답했다. 질문자는 마지막으로 '그러면 내가 하고 내가 받는 것도 아니고 남이 하고 남이 받는 것도 아니냐'고 물으니 그것도 아니라고 대답했다. 이때 질문자는 어이가 없다는 듯이 '모든 경우를 다 아니라고 하면 어떻게 하느냐'고 의아해했다. 그때 붓다는 '조건이 되어 하고 조건이 되어 받는다'고 대답하였다.(『아쩰라 깟사빠의 경』, 상윳따 니까야 2권 130~136쪽) 이 질문과 대답은 행위의 주체자에 대한 질문과 대답일 수도 있지만, 뭘 할 때 본질적으로 보면 우리가 마음대로 하는 것이 아니라 순간적으로 어떤 조건의 영향을 받는다는 것을 말했다고 본다.

서양에서 자유의지에 대한 논의가 있을 때 항상 인용되는 실험이 하나 있다. 벤자민 리베트(Benjamin Libet, 1916~2007)가 1986년에 한 실험이다. 리베트는 실험 참가자에게 자신들이 마음대로 하고 싶을 때마다 아무 손가락이나 하나를 위로 올리도록 하고 그 시간을 측정했다. 그와 동시에 참가자들의 머리에 전극을 설치해 전기적인 스파크가 일어난 시간을 측정했다. 그 결과 피실험자들에게 손가락을 올리기 약 1초 전에 뇌 속에서 전기적인 신호가 일어난다는 것을 알았다. 이 실험이 의미하는 바는 참가자들이 손가락을 움직이기로 결정하기 전에 이미 뇌에서 그렇게 하기로 결정이 났다는 것이다. 이보다 훨씬 앞선 1860년대에도 비슷한 실험이 있었다. 헤르만 헬름홀츠(Hermann Helmholtz, 1821~1894)는 뇌에서 일어나는 활동 중 상당수는, 사물에 대한 의식적인 지각이 있기에 앞서서, 뇌 속에서 무의식중에 일어나는 것이라고 주장했다.

우리는 순간순간 변하고 있다

의지나 자유의지의 이러한 속성은 중요한 의미를 가지고 있다. 특히 정신 치료적으로 의미가 있다. 정신 치료자로서 내가 의지의 이러한 속성을 알았을 때 환자 치료에 큰 변화가 있었다. 그 전에는 의지를 내고 안 내고는 환자에게 달려 있다고 생각했다. 또 일단 의지를 내면 그 의지에 따라 행동을 할 수 있다고 생각했다. 그러나 의지의 속성을 알고 난 뒤에는 환자가 어떤 의지를 내더라도 그것은 떠오른 것이고 그 의지를 실천할 수 있는 조건을 가지고 있을 수도 있고 가지고 있지 않을 수도 있다는 것을 알았다. 환자가 어떤 조건과 상태에 있는지를 잘 봐야 한다. 그리고 지금 든 의지가 다른 조건과 상태 속에 가면 달라질 수 있다. 예를 들어 치료자인 나와 이야기 도중에 환자가 좋은 의지를 내어 새로운 시도를 하겠다고 했을 때 그것은 지금 일어난 현상일 뿐이고, 환자가 집에 가서 다른 상황 속에 들어가면 다른 의지가 일어날 수도 있다. 그것을 환자와 같이 의논해야 한다. 환자 스스로 좋은 의지가 일어날 수 있는 상황(내부 조건)을 조성해 갈 때 좋은 방향으로 변할 수 있다.

의지나 생각과 같은 정신 작용의 속성을 정확하게 아는 것은 사람을 이해하는 데도 도움이 된다. 어떤 여자 대학생은 치료 시간에 눈물을 뚝뚝 흘리면서 '내가 나에 대해 그렇게 설명했는데도 어떻게 가까운 사람이 내가 싫어하는 행동을 할 수 있느냐' 하면서 도저히 이해가 안 되고 화가 난다고 했다. 그래서 내가 이해하는 것을 한 번 듣고 싶으냐고 물으니 듣고 싶다고 하여 이렇게 말해줬다. '네가 설명할 때도 네가 경험한 것을 그 사람이 그대로 아는 것은 힘들다. 왜냐하면 그 사람은 네가 아니기 때문이다. 살아온 것이 다르고 머릿속에 든 것이 다르다. 그렇지만 어느 정도는 이해할 것이다. 하지만 상황이 바뀌면 그때는 그 사람의 머릿속에 어떤 것이 떠오를지는 알 수 없다. 네가 설명한 것이 그 사람 속에 들어가기는 했지만 많은 부분을 그 사람이 그동안 해왔던 생각이나 감정, 경험이 차지하고 너에 대한 것은 아주 적은 부분을 차지하고 있을 것이다. 아마도 너를 이해 못 할 때는 다른 것이 그 사람 머릿속에 떠올랐을 것이다. 그 사람도 어찌 할 수 없는 일이 벌어진 것이다.' 그 환자는 내가 하는 작업을 이해하고 있는 환자라 이런 의견에 별로 거부감은 없었던 것 같다.

　의지나 자유의지를 우리 마음대로 할 수 없는 것이라고 하면 오해를 하는 경우가 많다. 그러면 숙명론이냐고 묻는 사람도 있다. 숙명론이 아니고 우리 마음의 본질이나 속성이 그렇다는 것이다. 숙명론은 정해진 운명이 있어 그것대로 모든 것이 전개된다는 것이다. 내가 말하는 것은 숙명론이 아니다. 우리 인간은 미묘하고 복잡한 존재다. 순간순간 새로운 조건이 형성된다. 누구를 만나면 그것이 새로운 조건이 된다. 무엇을 생각해도 그것이 또 새로운 조건이 된다. 철저하게 원인과 결과의 법칙을 따른다. 과거의 영향을 받지만 지금 새로운 것이 또 내 속에 들어온다. 지금 이 순간은 아직 한 번도 산 적이 없는 새로운 것이다. 과거를 그대로 반복하지는 않는다. 과거와 현재가 만난다. 우리는 간단히 말할 수 없는 아주 복잡한 존재다. 아주 역동적인 존재다. 정체되어 있지 않다. 다만 분명한 것은 지금 우리에게 어떤 정신적, 신체적 현상이 있으면 그것이 있을 만한 이유가 있다는 것이다. 그래서 우리에게 좋은 영향을 주는 사람을 만나는 것이 무엇보다도 중요하다는 것이다. 성인(聖人)을 만날 수 있으면 가장 좋다. 왜냐하면 성인은 우리 마음속 깊숙이 영향을 미치기 때문이다. 성인은 만나기 어려우니 스승을 만날 수 있으면 좋다. 인생에서 성공한 사람들을 보면 스승을 만난 경우가 많다. 내 경우도 이 정도로 성장할 수 있었던 것은 내가 만난 스승들의 영향이 컸다.

우리는 순간순간 변하고 있다. 우리 속에서 순간순간 어떤 현상이 일어나고 있는지 보면서 우리가 원하는 좋은 의지가 일어날 수 있도록 좋은 조건을 조성해 가는 삶을 산다면 우리가 원하는 삶을 살 수 있을 것이다.

내게 영향을 주는 것은 '밖'이 아니다

우리에게 직접 영향을 주는 것은 외부세계가 아니다. 외부세계에 대한 우리의 반응이 우리에게 영향을 준 것이다. 포탄이나 총알이 우리 발앞에 떨어진 것이 아니라면 전쟁이 났을 때 그것이 바로 우리에게 영향을 주지는 않는다. 우리에게 먼저 영향을 주는 것은 우리 머릿속에 든 것이다. 전쟁이 났을 때 기회가 왔다고 생각하여 희망을 가지는 사람은 그런 영향 속에 있다. 물론 머릿속에 드는 생각에 영향을 주는 것은 외부세계이긴 하다. 그렇지만 구체적으로 우리를 움직이는 것은 우리 머릿속에 든 생각이다. 머릿속에 든 생각이 긍정적이면 긍정적인 영향을 받는다. 부정적이면 부정적인 영향을 받는다.

우리 뇌에는 신경전달물질이라는 것이 있다. 긍정적인 생각과 부정적인 생각에 따라 그에 상응하는 신경전달물질의 변화가 일어난다. 역으로 신경전달물질 자체의 변화가 또 생각에 영향을 준다. 긍정적인 생각과 그로 인한 신경전달물질의 변화는 선순환을 가져오고 부정적인 생각과 부정적인 신경전달물질의 변화는 악순환을 가져온다. 신경증, 정신병과 같은 정신적인 문제의 발생은 악순환의 결과이고, 정신 건강은 선순환의 결과다.

사람들은 외부세계가 그대로 우리에게 영향을 준다고 생각한다. 그래서 우리가 어떤 상태가 되는 것은 당연히 외부의 영향이라고 생각한다. 예를 들면 운전을 하는데 누가 양해도 구하지 않고 끼어들거나, 끼어들고 난 뒤에 고맙다거나 미안하다는 표현을 하지 않으면 화를 내는 것이 당연하다고 생각한다. 그런 행동을 한 사람이 당연히 자신을 화나게 했다고 생각한다. 그때 자신의 마음속에 어떤 것이 있었는지는 보지 않는다. 실제로 자신에게 영향을 준 것은 그때 마음속에 있었던 것이다. 상대방 차가 끼어들고 그때 내가 화를 내었을 때의 상황을 있는 그대로 보려면 외부 상황과 내 내부에서 일어난 것을 모두 보아야 한다. 그리고 그 연관 관계도 봐야 한다. 어느 하나도 놓치지 않고 봐야 한다. 상대방 차가 분명히 있었고, 끼어들기를 했고, 그런 것에 대해 부정적으로 봤고, 그 결과 화가 났다는 것을 있는 그대로 봐야 한다. 만약 상대방 차가 없었다면 끼어들기도 없을 것이고 그 뒤의 현상은 다 없었을 것이다. 상대방 차가 있었더라도 끼어들기가 없었다면 그 뒤의 현상은 다 없었을 것이다. 만약 끼어들었더라도 내 머릿속에 부정적인 생각이 없었더라면 화는 안 났을 것이다. 상대방의 상황은 내가 통제할 수 없다. 나는 내 상황만 통제할 수 있다. 화를 안 내려면 끼어드는 상황에서 부정적인 생각이 안 일어나게 해야 한다. 이것이 실제다. 우리는 무엇이 실제로 일어나고 있는지 잘 봐야 한다. 그래야 우리가 원하는 것을 얻을 수 있다.

내가 누구에게 어떤 대접을 받고 싶으면 그 사람이 나를 그렇게 대접하게끔 내가 그 사람에게 무언가를 해야 한다. 그래서 그 사람 마음속에서 내가 원하는 대로 나를 대접하고자 하는 마음이 들게 해야 한다. 사람은 누구나 자기 마음에서 일어나는 대로 한다. "당신, 나에게 이렇게 대접해." 하고 말하면 오히려 역효과만 난다. 만약 나와 같이 근무하는 간호사가 나에게 이렇게 해주었으면 하는 것이 있으면 간호사에게 그런 마음이 들게끔 내가 뭔가를 해야 한다. 간호사는 자기 마음에 있는 것에 의해 행동하기 때문이다. 그렇지 않으면 그 일은 나에게 일어나지 않는다. 모든 인간관계가 마찬가지다.

내 마음을 남이 직접 어떻게 할 수 없듯이 나도 남의 마음을 직접 어떻게 할 수 없다. 남의 신체는 내가 어떻게 할 수 있다. 신체란 눈에 보이고 만지면 닿는다. 신체는 공유가 가능하다. 그러나 마음은 그렇지 않다. 상대방 마음에는 바로 들어갈 수 없다.

부정적인 생각은
떠오르는 힘이 훨씬 강하다

유태인 정신과 의사인 빅터 프랭클(Victor Frankle, 1905-1997)은 유태인이라는 이유만으로 아우슈비츠 수용소에서 몇 년을 보냈다. 수용소에 수감되면서 게슈타포에게 그 당시 자기가 쓰고 있던 책의 원고를 주면서

"소중한 것이니까 잘 보관했으면 합니다." 하고 부탁했는데 게슈타포는 부하에게 "이놈 정신이 이상하니 잘 교육시켜라."고 내뱉었다. 그는 '아! 여기는 내가 생각하는 세상이 아니구나'고 생각하며 유리를 깨서 면도를 해 건강하게 보이는 등 생존을 위한 몸부림 끝에 결국 자유의 몸이 된다. 풀려난 후 그는 이런 말을 남겼다. "남이 나에게 무슨 짓을 할 수 있어도 내 마음은 나만이 어떻게 할 수 있다." 빅터 프랭클은 아우슈비츠라는 극단적인 환경에서도 마음속의 반응은 남이 하게 하는 것이 아니라 내가 하는 것이라는 사실을 알았다. 그리고 우리가 마음속에 있는 것의 영향을 받는 것도 알았을 것이다. 그래서 자신이 원하는 것을 자기 마음속에 담으려고 노력했을 것이다.

내가 진료실에서 만나는 환자들의 머릿속에는 생각이 많다. 환자들의 머릿속에 든 생각은 주로 과거와 미래에 대한 것이다. 과거에 대한 생각은 여러 가지가 있다. 즐거웠던 추억도 있고 후회되고 화나는 것도 있다. 즐거웠던 추억보다는 후회되고 화나는 과거에 대한 생각이 훨씬 떠오르는 힘이 강하다. 사실 생각을 관찰해보면 좋은 추억은 의도적으로 '나에게도 그런 일이 있었지' 하면서 위로와 위안을 받기 위해서 힘을 써서 떠올릴 때 떠오르지, 가만히 있는데 그냥 떠오르지 않는다. 지금 현실이 힘들고 어려울 때 추억을 떠올리며 위로와 위안을 받고 힘을 얻어 다시 살아가기도 한다. 물론 어떤 것을 계기로 추억이 떠오르기도 한다. 그에 비해 안 좋은 과거는 그냥 떠오른다. 후회되고 화가 나고 아쉬움을 주는 과거는 가만히 있어도 그냥 떠오른다. 부정적인 과거가 긍정적인 과거에 비

1부·· 생각을·· 보다··

해 훨씬 떠오르는 힘이 강하다. 그런 만큼 우리에게 영향을 많이 준다. 과거에 대한 긍정적인 생각보다는 부정적인 생각이 많이 날 수밖에 없다고 나는 생각한다. 긍정적인 과거는 일어남으로써 상황이 종결된 것으로 볼 수 있다. 예를 들어 즐겁게 여행을 했다면 여행을 잘 한 것이다. 그렇지만 부정적인 과거의 일은 비록 일어났지만 미흡하고 정리가 필요하고 가능하면 다시 했으면 하는 것이 있으니 어떤 의미에서는 미해결이다. 내가 오래전에 봤던 남자 환자는 그 당시 30대였는데 고등학교 때 반 아이와 싸울 때 코뼈가 부러졌었다. 그것이 분하고 억울하여 시간이 지나도 그 생각에서 벗어날 수 없었다. 지금이라도 그 애를 찾아내 싸워서 그 애의 코뼈를 부러뜨리고 싶어했다. 이처럼 내 속에서 정리가 필요하니 자꾸 떠오를 수밖에 없다. 우리는 떠오른 생각의 영향을 받는다. 나는 누가 자기는 과거 생각이 많다고 하면 부정적인 생각이 많구나 하고 생각한다. 부정적인 생각은 부정적인 신경전달물질의 변화를 가져온다. 부정적인 생각이 많으면 정신 건강에 좋지 않고 따라서 정신적인 문제가 생길 확률이 높아진다.

 미래에 대한 생각에도 여러 가지가 있다. 희망찬 미래를 설계하는 것이나 앞으로 올 좋은 일을 기다리는 것도 있고 앞으로 전개될 일에 대해 불안해 하거나 걱정할 수 있다. 미래도 마찬가지로 좋은 미래에 대한 생각보다는 안 좋은 미래에 대한 생각이 훨씬 떠오르는 힘이 강하다. 안 좋은 미래는 대비와 대책이 필요하니 훨씬 절실하다. 대책이 없이 내가 두려워하는 일이 일어난다는 것은 생각만 해도 끔찍하다. 미래에 대해 계획을 세우고 설계를 하는 것도 미래를 만들어가는 일로 우리에게 중요한 일이지만 미래에 닥칠 두려운 일에 비하면 훨씬 절박함이 덜하다. 비유를 하면 소들이 우리 안에 갇혀있는데 우리 문이 열렸을 때 힘센 소가 먼저 우리 밖을 나가듯이 머릿속에 든 안 좋은 미래에 대한 생각은 미래에 대한 좋은 생각을 밀치고 떠오른다. 그리고 안 좋은 미래에 대한 생각은 신경전달물질의 수치에 부정적인 변화를 가져온다. 그래서 우리의 정신 건강에 영향을 준다. 그리고 부정적인 생각은 또 부정적인 생각을 부른다. 악순환이 일어난다. 걷잡을 수 없는 일이 내 속에서 일어난다.

이렇게 생각은 우리에게 영향을 준다. 오래전에 봤던 대학생 환자는 생각을 많이 했더니 그 생각이 머릿속에 자리를 잡고 자기를 누른다고 이야기했다. 마치 우리의 영토에 침입해 들어온 적처럼 진지를 구축하고 우리를 공격한다. 생각은 한 번 하면 사라져 버리는 것으로 생각하는 사람들이 있는데 그렇지 않다. 생각은 차곡차곡 쌓인다. 컴퓨터 속에 저장된 파일처럼 생각 하나하나는 그대로 입력이 된다. 입력이 되었다가 그 파일이 활성화될 수 있는 조건을 만나면 다시 우리 머릿속에 떠오른다. 그래서 우리에게 영향을 준다. 내 머릿속에 하루 종일 무엇이 들어서 나에게 영향을 주는지, 그리고 바깥에서 일어난 일을 보거나 듣고 내 머릿속에 무엇이 드는지를 살펴보고, 어떻게 해야 내가 원하는 것을 이룰 수 있는지 찾아야 내가 원하는 대로 살 수 있다.

왜 생각이 문제인가?

　정신과 환자들이 공통적으로 보이는 특성 중의 하나가 바로 생각이 많다는 것이다. 사람에 따라 병에 따라 생각의 내용은 각기 다르지만 모두 생각이 많다. 강박증 환자의 경우 '이 생각은 터무니없는데' 하고 생각하면서도 그 생각을 멈출 수 없다. 콧물과 코딱지가 더럽다는 생각이 계속 드는 강박증이 있는 여자 환자는 슈퍼마켓에서 계산대에 있는 직원이 코를 만지고 난 뒤 자기 물건을 만지는 것을 보고 더럽다는 생각이 계속 들었고 그 생각을 떨쳐버릴 수가 없었다고 한다. 불안증이 있는 경우 불안한 내용의 생각이 자꾸 든다. 망상이 있는 경우 망상과 관계되는 생각이 자꾸 든다. 생각이 적은 환자는 아직 보지 못했다.

　정신과 환자들이 생각이 많은 이유는 그들이 병나는 과정을 보면 알 수 있다. 살아가면서 힘든 일에 부딪쳐 자신의 힘으로도 해결을 못하고, 주위 사람의 도움을 받아 문제를 해결하지도 못하고 혼자서 끙끙 고민만

하다가 병이 난다. 병나는 과정에서 생각을 많이 한다. 실제 문제를 해결하는데 도움이 되지 않는 혼자만의 생각을 많이 하다가 병이 난다.

정신과 환자뿐만 아니라 정신적인 고통이 많은 사람들을 봐도 생각이 많다. 정신적인 고통이나 문제는 생각과 밀접한 관계가 있다. 사실 우리가 힘들어 하는 것이나, '이것은 내가 죽기 전에는 벗어나기 힘들 거야'하며 생각하는 것이나, 콤플렉스로 생각하는 것도 자세히 보면 생각을 많이 한 것이다. 생각을 많이 하지 않고는 그렇게 될 수 없다. 그것에 대한 생각을 줄이면 거기서 벗어난다. 물론 생각이 많다고 다 문제되는 것은 아니다. 긍정적이고 좋은 생각은 많이 해도 문제가 되지 않는다. 문제는 긍정적이고 좋은 생각을 많이 하는 사람은 어쨌든 무슨 일이 있으면 생각을 많이 하는 사람이다. 이런 사람에게 안 좋은 일이 생기면 역시 안 좋은 생각을 많이 하게 된다. 부정적이고 안 좋은 생각을 많이 하면 문제가 생긴다.

불면증도 생각과 관계가 있다. 잠을 못자는 사람들 이야기를 들어보면 대부분 생각을 골똘히 하다가 잠을 잘 수 없게 되었다고 한다. 불면증의 시작은 생각이 많은 것으로부터 시작된다. 잠을 잘 자는 비결 중의 하나는 잠을 잘 때 생각이 나면 따라 가지 않는 것이다. 대부분의 사람은 잠을 잔다고 누웠을 때 잠이 들지 않으면 생각을 한다. 이때 생각이 나면 가능하면 생각의 내용을 생각하지 말고 '내가 잔다고 누워있는데 생각이 나는구나' 하며 생각 자체가 난 것을 알아차리면 생각이 거기서 끊긴다. 그러고는 편안히 누워 있는다. 그러다 보면 잠이 온다.

생각이 어떻게 문제를 만들고 생각을 줄이면서 어떻게 문제가 해결되었는지를 잘 볼 수 있는 일이 있어 소개한다. 약 20년 전의 일이다. 그때 택시를 탔는데 택시 기사가 내가 정신과 의사인 줄을 모르고 나에게 자신이 겪은 일을 이야기했다. 택시 기사는 원래 가구점을 운영했는데 가구를 직접 만들어 팔았다. 가게는 잘 되었다. 그러다가 가까운 친척과 같이 일하게 되었다. 친척은 기사가 보기에 열심히 일했고, 자신을 도와 사업이 잘되는 줄 알았다. 기사는 친척이 참 고맙다고 생각했다. 그런데 알고 보니 친척이 회사 돈을 다 빼돌렸다. 가게는 곧 망했다. 그런데 가게가 친척 때문에 망했다는 생각이 머리에서 떠나지 않았다. 나중에는 너무 괴로워서 그 생각을 머리에서 지우려고 해도 되지 않았다. 하루 종일 그 생각 뿐이었다. '아! 이러다가 미치는구나' 하는 생각이 들었다. 그렇지만 생각을 떨칠 수가 없었다. 사업도 망했지만 자신도 파멸해간다는 생각이 들었다. 그래서 생각을 멈출 수 있는 길이 없을까 하고 방법을 찾았다. 처음에는 쉽게 방법이 떠오르지 않았다. 그러다가 택시 운전을 하면 생각을 멈출 수 있지 않을까 하는 생각이 들어 택시 운전을 시작했는데 만족스럽다고 했다.

만약 이 사람이 택시 운전을 안 했다면 나를 찾아오게 되었을 것이다. 나는 생각을 멈추기 어렵다는 환자들에게 도심에서 운전을 하거나 명동과 같이 사람이 붐비는 곳에서 걸어 다니라고 권한다. 그러면 그 시간만은 생각에서 벗어날 수 있다.

생각을 줄이면
줄인 만큼 편안해진다

　생각을 줄여 정신적인 문제에서 벗어날 수 있다. 40대 초반의 남자 환자는 평소 건강에 문제가 없던 같은 나이의 직장 동료가 사무실에서 쓰러져 갑자기 죽고 난 뒤부터 문제가 생겼다. 사무실에 들어가기가 싫고 사무실에 있을 때 가슴이 철렁 내려앉는 것 같고, 식은땀이 나고 가슴이 뛰는 신체적인 증상이 생겼다. 아무 문제가 없던 사람이 그랬으니 나도 그럴 수 있겠다는 생각이 자꾸 들었다. 그런 생각 속에서 2~3개월이 지난 어느 날 등에서 식은땀이 나고 호흡이 가빠져 금방 죽을 것 같아 가족들에게 응급실에 데려다 달라고 하여 응급실에 갔다. 응급실에 도착했는데 신기하게도 아무렇지 않았다. 응급실에서 필요한 검사를 했을 때 정상이었고 혈압과 맥박도 정상이었다. 그래도 안심이 안 되어 그 후에 심장 정밀 검사를 하였는데 역시 정상이었다. 신체적으로는 문제가 없으니 정신과 진료를 받아 보는 것이 좋겠다는 권유를 받았지만 차일피일 미루다가 몇 달 만에 나를 찾아왔다.

　스스로 공황장애인 것 같다고 말하면서 사무실에 있을 때 주로 그런 증상이 나타난다고 했다. 성격이 참을성이 적고 다혈질이라고 했다. 나도 진단 후 공황장애로 생각한다고 하고 환자가 염려하는 것은 환자의 생각일 뿐 실제로는 절대 일어나지 않으니 걱정하지 말라고 말했다. 그리고 불안을 다스리는 약과 불안이 있을 때 자율신경계에 나타나는 현상을 다스리는 약을 같이 복용하면서 불안한 생각이 일어날 때마다 생각을 멈추는 것이 중요하다고 이야기해주었다. 현재 이 순간 일 초 이전으로도 이후로도 가지 않는 것이 약을 복용하는 것 못지않게 중요하다고 일러주었다. 우리 마음은 순간적으로 어느 한 곳을 향해서 가는데 마음이 현재에 있으면 걱정하는 쪽으로 갈 수 없다. 그리고 마음이 어느 쪽으로 가면 그 방향으로 길이 나서 쉽게 그쪽으로 가게 된다고 마음의 원리를 간단히 설명해주었다. 환자는 약을 먹으면서 내가 말한 것을 꾸준히 실천했다. 환자는 미래에 대한 생각을 멈추려고 노력한다면서 상태가 점점 호전되고 있다고 했다. 사무실에서 과거와 같은 생각이 들려고 하면 다른 생각을 하거나 사무실을 왔다 갔다 하면서 그 생각에서 벗어난다고 했다. 규칙적으로 운동하고, 생각을 바꾸고, 세상을 긍정적으로 보고, 현재에 집중하니 거의 증상이 일어나지 않는다고 하여 이때부터 약을 점점 줄이기 시작했다. 환자가 올바른 노력을 하여 좋아지면 그만큼 약을 줄여도 좋은 상태가 유지된다. 환자는 마음을 편히 먹고 있다고 했다. 이런 상태를 전에는 오로지 없애려고만 했는데 이제는 설사 그런 일이 있더라도 죽지는 않으니까 괜찮고 내 삶의 일부분이고 친구라고 생각한다고 했다. 환자는 정신 건강을 회복하는 올바른 노력을 계속했고 치료한 지 6개월 후에 약을 안 먹고도 괜찮아졌다. 모든 것이 마음에 달려있다는 것을 깨달았다고 하며 여유 있게 웃었다. 요즘은 그냥 웃으면서 지낸다고 하였는데 아주 행복하고 건강해 보였다.

    생각을 줄이면 줄인 만큼 편안해진다. 정신적인 문제나 고통이 줄어든다. 그래서 치료의 초점은 부정적인 생각이 처음 일어날 때 그것을 알아채서 놓을 수 있도록 하는데 둔다. 생각이 일어날 때 알아차리고 다시 현재로 돌아오는 것을 훈련해야 한다. 어떤 환자는 컨디션이 좋지 않으면 불안해지고 사소한 것에 집착하고 부정적인 생각이 든다고 했다. 생각이 꼬리를 물고 일어났다. 이 환자에게 현재에 집중하는 훈련과 생각이 났을 때 알아차리는 훈련을 하게 했더니 어느 날 컨디션이 좋지 않을 때 부정적인 생각이 드는 것을 중단할 수 있었다. 그 뒤로 이 환자는 자신의 정신적인 문제를 고칠 수 있다는 자신감을 가지게 되었다. 자신의 증상에 대해 두려움이 많이 사라졌다. 문제를 해결하는데 자신이 해야 할 역할을 확실히 알게 되었다. 누구든지 문제는 자신의 마음에서 일어나기 때문에 치료자는 방법을 가르쳐 줄 뿐 결국 스스로 해야 한다. 물론 치료자와의 만남 속에서 무의식적인 영향을 받긴 하지만.

생각을
멈추는 힘

　시대를 앞서가는 스티브 잡스의 독창성이 그가 체험한 명상 경험에서 나왔다고 하여 명상이 더욱더 사람들의 관심을 끌었다. 명상의 본질이 알려지기 전에는 명상을 현실과는 동떨어진 신비한 것으로 생각하는 사람들도 많았다. 각 분야의 전문가들, 특히 정신과 의사나 심리치료자들이 명상을 실제로 하고 또 과학적으로 연구하면서 명상의 본질이 대중들에게 알려지기 시작했다. 명상의 형태나 내용은 명상을 하는 사람에 따라서 다를 수 있지만 명상의 본질은 현재에 집중하는 것이다. 주로 몸과 마음에서 현재 일어나는 현상에 집중한다. 그중에서도 특히 호흡에 집중을 하는 경우가 많다. 그렇게 몸과 마음에서 일어나는 것에 집중함으로써 몸과 마음의 본질, 나아가서 사물의 본질을 알게 된다.

　명상은 집중 대상이 언제나 있다. 대상에 집중하면서 우리가 알게 되는 것은 대상의 속성이나 본질이긴 하지만 부가적으로 생각의 속성도 알 수 있다. 명상을 처음 해보면 대상에 집중이 잘되지 않는다. 그 이유는 생각 때문이다. 명상 대상에 집중하려고 하는데 자꾸 다른 생각이 난다. 명상을 하기 전에는 우리가 그렇게 생각을 많이 하는 줄 모른다. 명상을 처음 시작한 사람들이 하나 같이 하는 이야기는 '내가 이렇게 생각을 많이 하는 줄 몰랐다'이다. 평소에 생각을 많이 하는지도 모르고 또 생각의 영향을 받는지도 모르다가 명상을 통해 그것을 알게 된 것이다. 생각을 줄여야 되겠다는 마음을 먹는다. 이런 것을 아는 것만으로도 큰 소득이다. 명상이 알려지는 만큼 생각에 대한 것도 알려질 것이다. 생각의 속성이 어떤 것이고, 우리에게 어떤 영향을 주는지, 생각을 어떻게 다스릴 수 있는지 하는 것을 명상을 통해 알 수 있다.

요즘 생각이 주목을 받고 있다. 일본 스님이 쓴 생각에 대한 책이 베스트셀러가 되었고, 여러 사람이 생각의 속성에 대해 이야기하고 있다. 『네 가지 질문』이라는 책으로 널리 알려진 바이런 케이티(Byron Katie)는 『나는 지금 누구를 사랑하는가』라는 책에서 "생각은 그냥 나타납니다 … 우리는 생각을 하지 않습니다. 생각이 저절로 일어날 뿐입니다. 그러니 '생각하다'라는 말보다는 '생각이 난다'라는 표현이 더 진실에 가깝습니다."라고 했고 또 같은 책에서 "자신의 생각을 통제할 수 있는 사람은 아무도 없다."고 말하였다. 『지금 이 순간을 살아라(The Power of Now)』라는 책을 써 세계적인 영적 스승으로 떠오른 에크하르트 톨레(Eckhart Tolle)도 자아는 반복적으로 떠오르는 부정적인 생각이라며 자아를 생각의 측면에서 정의하였다. 생각의 속성이나 본질이 점점 사람들에게 알려지고 있다.

마음은
언제나 어딘가에
가 있다
..

그것도
한 순간에
한 곳을 간다
..

두 곳을
동시에 갈 수 없다
..

명상의 반대편에 생각이 있다. 명상을 함으로써 생각이 줄어든다. 명상을 하기 전에는 생각과 개념으로 세상을 봤다면 명상을 한 이후에는 세상을 있는 그대로 보게 된다. 생각은 실제를 가리는 장막과 같은 것이다. 장막을 걷어치우고 실제를 보는 것이다. 우리 생각과 실제는 다르다. 세상은 실제에 따라 움직인다. 우리가 우리 생각에 따라 움직이면 실제와 따로 놀게 된다. 내가 원하는 대로 되지 않는다. 원하는 대로 되지 않을 때 괴로움이 오고 정신적인 문제가 생긴다. 괴로움이 없고 정신적으로 건강하려면 실제를 봐야 한다. 현실을 있는 그대로 봐야 한다. 실제 일어나는 것을 있는 그대로 봐야 한다. 현실에서 멀어진 만큼 정신 건강이 좋지 않다.

마음은 한 번에 두 곳으로 갈 수 없다

명상은 실제를 보는 훈련이다. 그래서 명상을 하면 정신 건강이 좋아진다. 명상을 잘못 이해하는 사람은 명상을 현실과는 동떨어진 것이라고 생각한다. 간혹 정신과 의사들도 명상을 잘못 이해하여 환자들이 명상을 한다면 정신 건강이 나빠진다고 염려하는 경우도 있다. 명상은 실제 벌어지는 일을 있는 그대로 보는 훈련이다. 그래서 명상을 하면 지혜로워진다. 지혜란 여러 가지로 정의할 수 있겠지만, 내가 볼 때 지혜는 있는 그대로 아는 것이다. 남에 대해 지혜가 있다면 남이 무슨 생각을 하는지, 뭘 원하는지, 어떻게 하면 그 사람과 친해질 수 있는지 알고 있는 것이다. 주식 시장에 대해 지혜가 있으면 주식 시장이 어떻게 움직이는지 알고 있는 것이다. 사회 현상이 어떻게 주식 시장에 반영되는지 알고 있는 것이다. 세상에 대해 지혜가 있다면 세상이 어떻게 움직이는지 아는 것이고, 죽음에 대해 지혜가 있다면 왜 죽고, 죽으면 어떻게 되는지 아는 것이다.

인류 역사에 있어서 최고의 지혜를 얻었다고 불리는 붓다가 지혜를 얻은 것은 생각을 해서 얻은 것이 아니다. 생각을 멈춰서 지혜를 얻은 것이다. 불교에서는 먼저 선정을 닦고 그 뒤에 지혜를 얻는다. 선정은 생각이 정지된 상태다. 생각이 정지된 채로 마음이 하나의 대상에 집중된 상태다. 그 상태에서 알기 원하는 것으로 마음을 향해 그것을 본다. 말하자면 마음을 어떤 작업을 할 수 있는 상태로 만든 후 그 작업을 하는 것이다. 뭘 하기 전에 내 마음을 완전히 깨끗이 해서 있는 그대로 보는 것이다.

붓다는 항상 생각을 하지 말라고 했다. 생각하느니 차라리 자라고 했다. 자는 것은 무익한 것이지만 생각하는 것보다는 낫다고 했다. 붓다와 붓다의 제자들은 생각이 없는 경지를 지향했다. 생각을 실제를 보는데 장애가 된다고 생각했다. 붓다는 악하고 해로운 생각을 파리 떼에 비유했다(『더러움의 경』, 앙굿따라 니까야 제1권 625쪽). 파리가 더럽고 비린 것이 있는 장소에 몰려들듯이 악하고 해로운 생각도 우리 속에 욕심과 화가 있으면 생긴다고 봤다. 우리 속에 무지와 욕심과 화가 없어지면 안 좋은 생각도 없어진다고 봤다. 지혜로 꽉 차고 욕심과 화가 없으면 생각할 필요가 별로 없어진다.

그러면 명상을 통해 어떻게 생각이 줄어들고 없어질 수 있을까? 이것은 마음의 속성상 그렇게 된다. 마음은 언제나 어딘가에 가 있다. 그것도 한 순간에 한 곳을 간다. 두 곳을 동시에 갈 수 없다. 음악을 들으면서 공부를 한다고 생각하는 사람이 있는데 자세히 보면 음악을 듣다가 공부하다가 하는 것을 반복한다. 귀는 소리가 들리면 간다. 우리에 대해 생각을 안 한다. 그것이 귀의 속성이다. 눈도 마찬가지다. 감각기관은 다 그렇다. 마음은 한 번에 한 곳만을 간다. 그래서 마음이 명상의 대상에 가 있으면 다른 곳을 갈 수 없다. 생각을 할 수 없다. 생각은 주로 과거와 미래로 마음이 간 것이다. 명상을 통해 항상 현재에 집중하는 훈련이 되면 마음이 항상 지금 이 자리에 있게 되고 생각이 일어나지 않거나 일어났을 때 바로 알아차리면 사라진다. 마음이 완전히 명상의 대상에 가 있는 상태인 선정에서는 다른 것을 알아차릴 수 없다. 불교 경전을 보면 한 사람이 붓다에게 어떤 수행자는 선정에 들어있을 때 옆에서 수레가 500대가 지나가도 알지 못했다고 했다. 이에 붓다는 그것은 대단한 것이 아니라고 하면서 붓다 자신이 선정에 들었을 때 며칠간 억수같이 비가 퍼붓고 옆에서 사람이 죽어나가도 알지 못했다고 했다(『대반열반경』, 디가니까야 제2권 253~257쪽).

우리는 명상을 통해 생각 없이 있을 수 있는 훈련을 할 수 있다. 그래서 생각으로 인한 괴로움에서 벗어날 수 있다.

생각을 다스리는 방법

생각에서 괴로움이 오고 생각을 잘못 다스릴 때 정신 건강이 나빠진다면 생각을 어떻게 다스려야 하나? 생각을 다스리려면 먼저 생각이 났다는 것을 알아차려야 한다. 우리는 생각을 하고 있는지도 모르는 상태에서 생각을 계속한다. 생각을 다스리는 것의 시작은 생각하는 것을 알아차리는 것이다. 생각을 알아차리는 것은 쉽지 않다. 생각은 자동적으로 하는 것이다. 자동적으로 생각하면서 살아왔기 때문에 생각을 알아차리려면 그냥은 되지 않고 훈련을 해야 한다.

먼저 몸에서 일어나는 것을 관찰하는 훈련을 해야 한다. 몸 관찰은 마음 관찰보다 쉽다. 몸을 관찰하는 것을 충분히 하면 미세한 마음도 관찰이 가능해진다. 아침에 눈떠서부터 밤에 잠들 때까지 현재 일어나는 것을 관찰하는 훈련을 해야 한다. 침대에 누워 있으면 누워 있는 것을 알고 느낀다. 침대에서 일어날 때 일어나는 것을 알면서 일어난다. 세수를 할 때 손이 움직이고 물이 얼굴에 닿는 것을 느낀다. 그때 물이 얼굴에 닿는 것도 느낀다. 밥을 먹을 때는 밥 먹는 것을 그대로 지켜보면서 밥을 먹는다. 우리는 밥을 입에 넣자마자 씹는데 그러지 말고 숟가락을 밥상에 놓고 눈을 감고 한 번 입안에 든 음식을 씹어본다. 그러면 입에 침이 가득 고이는 것을 느낀다. 평소에도 항상 음식을 씹으면 입에서 침이 나오는데 우리 마음이 다른 곳에 가 있기 때문에 그것을 모를 뿐이다. 그것을 느끼면 기분이 좋고 소화가 잘된다. 이처럼 뭘 하든 현재 하는 일에 집중하여 일어나는 것을 그대로 알면서 그 일을 한다. 길을 걸을 때는 발과 다리가 움직이는 것을 알면서 걷는다. 이렇게 현재 하는 일에 집중하는 데 생각이 나면 그것을 알아차린다. 그러고는 다시 하던 일로 돌아온다. 현재 하는 일에 집중을 하고 있는데 생각이 나면 알아차리기 쉽다. 현재 하는 일과 생각이 대비가 되기 때문이다. 그러나 생각을 하고 있는 상태에서 또 다른 생각이 나면 그것은 대비가 안 되기 때문에 알아차리기 어렵다. 그리고 생각은 또 다른 생각을 불러온다. 그래서 생각이 꼬리에 꼬리를 문다. 처음 생각이 나는 것을 알아차리는 것이 중요하다. 첫 생각을 알아차리면 다음 생각이 오지 않고 정지된다. 내가 미얀마 수행센터에서 몸과 마음을 관찰하는 수행을 할 때 나를 지도해주는 분에게 '어떤 생각은 잠깐 머물고 어떤 생각은 오래 머문다'고 하니 그분이 '그런 것이 아니다. 모든 생각은 빨리 없어지는데 오래 머문다고 생각하는 것은 반복해서 그 생각을 하는 것이다'라고 고쳐주었다. 사실 그렇다. 모든 생각은 순식간에 일어났다가 사라진다. 내 경험에 의하면 생각이 일어나고 사라지는 것은 불꽃놀이 때 공중으로 쏘아올린 폭약이 조금 후 유성의 꼬리 같은 것을 남기며 하늘에서 사라지는 것처럼, 생각이 나자마자 바로 그렇게 유성처럼 사라진다.

알아차림이 생각을 다스리는 첫걸음

생각을 다스리려면 첫 생각을 알아차리는 훈련을 해야 한다. 진료실에서 환자들에게 현재에 집중해야 하는 이유를 설명하고 난 뒤 현재 집중을 놓치면 카드에 기록을 해서 가져오라고 한다. 그때 현재 일어난 일에 집중하다가 생각이 나면 알아차리라고 하는데 만일 첫 생각을 놓치면 표시를 하라고 한다. 첫 생각을 놓치면 과거 습성대로 생각에 빠질 수 있다. 어떤 여자 환자는 부정적인 생각이 굉장히 많았는데 주로 지나간 것에 대한 후회와 앞으로 올 일에 대한 걱정으로 마음이 굉장히 괴로웠다. 그래서 생각이 나면 머리에 불이 붙었다고 생각하고 마치 불을 끄듯이 머리를 한 번 탁 치고 생각을 정지하라고 말해주었다. 그것을 실천하였더니 마음이 너무 편했다고 하면서 '나도 이제 생각을 멈출 수 있겠다'는 희망이 생겼다고 하였다. 다시 생각에 빠지더라도 이런 경험을 한 번 하는 것은 중요하다.

어떤 생각이 나더라도 놓는 것이 중요하다. 좋은 생각이라도 내려놓는 것이 중요한데 꼭 필요한 생각이 나면 기록을 해놓으면 된다. 좋은 생각을 하는 사람은 그 생각을 하는 동안은 별 문제가 없다. 그런데 이 사람은 생각하는 시스템이 있는 사람이다. 생각하는 시스템이 있으면 안 좋은 일이 생겼을 때 안 좋은 일에 대해 생각을 하게 된다. 생각을 멈추어야 할 때 멈출 수가 없다. 그것이 문제다. 좋은 생각은 나쁜 생각보다는 좋지만 생각하는 시스템이 발달되어 있어 나쁜 생각을 할 수 있기 때문에 나쁜 생각으로부터 완전히 멀어진 것이 아니다. 가끔 환자들에게 나쁜 생각, 좋은 생각, 생각이 없는 것 중에서 어떤 것이 가장 나쁘고 그 다음으로 좋은 것이 뭐고 가장 좋은 것이 무엇인지 물어본다. 그런데 이때 생각이 없는 것은 멍한 것이 아니라 현재에 집중하고 있는 상태라고 꼭 말해준다. 대부분의 환자가 나쁜 생각이 제일 나쁘고 그 다음이 생각이 없는 것이고, 제일 좋은 것이 좋은 생각이라고 대답한다. 그러면 내가 다음과 같이 대답한다. "우리는 나쁜 생각으로부터 우리를 보호해야 하는데 좋은 생각은 내용이 좋긴 하나 생각이 붙어있다. 그래서 안 좋은 일이 있으면 안 좋은 생각을 하게 되니 나쁜 생각으로부터 완전히 멀어진 것이 아니다. 생각이 없는 것이 나쁜 생각으로부터 우리가 완전히 보호된 것이다. 그러니 생각이 없는 시스템을 구축해야 된다. 생각이 없는 시스템을 구축하려면 나쁜 생각이 나면 정지하고 좋은 생각이 나도 정지해야 한다. 어떠한 생각이 나도 정지하고 현재 하는 일로 돌아온다. 그러면 생각이 없는 시스템을 구축할 수 있다. 이 시스템이 구축이 되면 어떤 생각도 말을 붙일 수 없다."

그러면 이 장면에서 항상 환자나 일반 사람들은 질문을 한다. 아니 항변을 한다고 봐야 한다. 그렇게 생각이 없어서 어떻게 세상을 살아갈 수 있냐고. 사람들은 생각을 하면서 항상 살아왔기 때문에 생각을 안 하고 살아가는 것을 상상할 수 없다. 그런데 나는 지난 10년 가까이 일반 사람들이 하는 생각을 거의 하지 않고 살았다. 그런데도 살아가는데 아무 어려움이 없다. 오히려 일은 일대로 별 무리 없이 하면서 마음에 괴로움이 별로 없다. 생각을 안 하면서 생각을 많이 하는 사람처럼 할 일을 하고 있다. 효율성이 높다고 볼 수 있다.

최근에 어떤 환자가 살도 빼고 정신 건강에도 도움이 될 것 같아 한 수련단체에서 하는, 자연 속에서 하루에 한 끼 먹으면서 등산을 한다든지 하면서 몸을 많이 움직이는 곳을 며칠 다녀왔다. 그 단체에서도 하루 종일 호흡을 관찰하면서 생각이 나면 생각이 났다는 것을 알고는 생각을 따라가지 못하게 했다. 그래서 평소 생각이 많고 생각을 많이 해야 잘 살 수 있다고 생각하는 이 환자가 그 단체를 이끄는 지도자에게 생각을 안 하면 어떻게 살아가면서 우리에게 닥친 일을 잘 할 수 있냐고 물으니 그 사람이 대답하기를 '감으로 하게 된다'고 하더라는 이야기를 하면서 표현은 달라도 내가 평소 하는 말과 비슷하다고 했다. 그렇다. 사실 생각이 도움이 되는 것도 있지만 생각은 실제를 있는 그대로 보는데 장애를 준다. 생각은 사실 모르니까 하는 것이다. 알면 아는 대로 하면 되지 생각할 필요가 없다. 모르는 것을 생각할 때 바른 길을 찾아서 가기도 하지만 잘못 될 수도 있다. 모르는 것이 생각을 해서 풀릴 수 있는 것이면 생각하는 것이 도움이 되지만 모르는 것이 그렇지 않은 성격일 때 잘못 된 길로 가기 쉽다. 공부를 할 때 공부의 내용에 대해 생각하는 것은 도움이 된다. 그러나 다른 사람이 나를 어떻게 생각할까 하는 경우처럼 다른 사람의 말을 듣기 전에 확인이 곤란한 내용을 생각할 때는 제대로 답을 얻을 수 없고 또 그것을 생각하는 과정에서 많은 문제가 생길 수 있다. 예를 들어 남편의 와이셔츠에서 립스틱 자국을 발견하고는 바로 "여보, 이게 뭐에요." 하고 물어본 경우와 그것에 대해 며칠을 생각하고 난 뒤에 물어본 경우는 엄청난 차이가 있다. 바로 물어본 경우에는 남편의 대답을 통해 실제로 일어난 일을 그대로 알 수 있다. 솔직하게 말하면 말하는 대로, 솔직하게 말하지 않으면 말하지 않은 대로 상황을 알 수 있다. 그런데 며칠을 혼자 생각하다 보면 혼자 한 생각들 때문에 내 마음이 복잡해지고 감정이 꼬이게 되고 남편에게 확인하는 말투가 달라지고 남편의 대답에 대해서도 왜곡되게 받아들일 수 있다. 남편이 솔직하게 대답해도 뭔가 숨기고 있다고 생각할 수 있다.

나는 환자들에게 모를 때 꼭 필요한 경우가 아니면 모르는 것에 대해 생각하지 말고 자기가 해야 할 일을 하라고 한다. 그러면서 '해야 할 일이 뭐지?' 하고 묻는데 신기하게도 이때 거의 모든 환자가 자신이 무엇을 해야 하는지 알고 있었다. 환자의 대답을 듣고 다음과 같이 말해준다. "모르는 것을 생각하다가 잘못 되는 수가 많다. 모르는 것을 해결할 때 모르는 사안에 따라 모르는 것을 아는 방법이 다 다르다. 그 방법이 보여야 한다. 아무것도 보이지 않는 상태에서 자기 나름대로 생각을 많이 하다 보면 문제가 생긴다." 나를 찾아오는 환자들은 다 그런 경우다. 뭘 모를 때 그리고 그 모르는 것을 알 수 있는 방법도 안 보일 때는 생각을 멈추고, 자기가 해야 할 일을 하는 것을 원칙으로 삼는 것도 생각을 다스리는 한 방법이다. 모를 때 생각하는 것을 멈추고 자기가 해야 할 일을 하다보면 모르는 것이 풀릴 수도 있고 모르는 것을 알려면 어떻게 해야 하는지 보일 수도 있다.

생각이 앞서 가면
그만큼 걱정거리가 늘어난다

나는 특별한 경우를 제외하고는 치료를 받는 동안 집에서는 무슨 생각이 나든 내려놓고, 자신이 할 일이나 현재에 집중을 하고 가급적이면 치료 시간에 와서 이야기하라고 한다. 치료 시간에는 무슨 이야기든지 자유롭게 하게 한다. 가능하면 과거를 치료 시간에 다루려고 한다. 이렇게 하는 이유는 힘든 과거가 생각날 때 그것에 끄달려 가지 않는 훈련을 하게 하고 과거를 지혜롭게 정리하는 훈련을 하게 하기 위해서이다.

우리는 걱정거리가 있으면 생각하는 습관이 있다. 수술 날짜가 잡히면 수술 받는 것에 대해 생각한다. 수술을 받는 날 무슨 일이 일어날지는 아무도 모른다. 지금 이 순간에서 한 발짝이라도 앞서면 앞선 만큼 괴로움이 생긴다. 수술실에 누워 있을 때까지는 수술에 대한 생각을 안 해야 한다. 수술실에서도 그 순간만 알아차려야 한다. 미래는 우리가 한 번도 가보지 않은 미지의 세계와 같은 것이다. 우리가 한 번도 가보지 않은 나라를 갈 때는 그 나라가 어떤지 알 수 없다. 그 나라에 가서 순간순간 구경하면 된다. 미래도 마찬가지다. 한 번도 가보지 않은 나라를 여행하듯

생각 사용 설명서

이 미래를 살아야 한다. 그런데 우리는 미래를 과거로 채운다. 과거를 보상하기 위해 미래의 계획을 세운다. 나에게 상담치료를 받는 30대 남자가 어디서 봤다면서 이런 말을 했다. "과거와 현재가 충돌하면 미래가 다친다." 적절한 말이라고 생각한다. 과거가 현재에 영향을 주면 미래에 손상이 간다는 뜻일 것이다.

생각을 통해 과거와 미래로 간다. 생각이 줄어들면 현재에 있게 된다. 그래서 순간순간 살아간다. 틱낫한 스님은 '나는 고향에 있다(I am home)'라는 말을 자주 했다. 내가 생각하기로는 밖에서 방황하지 않고 고향에 편안히 있다는 것이다. 과거, 미래로 가서 괴롭고 방황하지 않고 현재에 편안하게 있다는 것이다. 틱낫한 스님이 항상 강조하는 마음챙김 상태에 있다는 것이다. 우리 마음이 현재에 있으면 과거와 미래에 있을 수 없다. 과거와 미래의 산물인 화나 불안, 걱정이나 들뜸이나 설렘 없이 현재에 담담히 있다. 생각을 다스려 생각이 줄게 되면 괴로움 없이 순리대로 그 순간순간 과거와 미래의 영향을 받지 않고 최선을 다하면서 후회 없이 살게 된다.

생각을 다스리는 구체적인 방법의 하나로 하루 종일 떠오른 생각의 숫자를 적는 것이 있다. 생각이 너무 많을 때는 이 방법을 쓰기 어렵다. 이 방법은 쓰기까지 준비를 해야 한다. 먼저 현재에 집중하는 훈련을 해야 한다. 현재 뭘 하든지 알아차리는 것이 되면 그 다음에 생각을 알아차리는 훈련을 한다. 그래서 첫 생각을 알아차리는 것을 거의 놓치지 않을 정도가 되면 시작한다. 이 방법을 쓰면 생각을 다스리는데 도움이 많이 되고 생각을 줄이는데 아주 유용하다. 생각이 날 때마다 그것을 표시한다. 아침에 눈을 떠서부터 밤에 잠들 때까지 한 생각의 횟수를 매일 매일 적는 것이다. 이렇게 하면 무의식적으로 생각에 빠지는 것을 막을 수 있다. 그리고 생각이 어떤 상황에서 떠오르는지 알게 된다. 생각의 속성을 알게 된다. 생각이 나는 것을 적으면서 번뇌가 우리 마음속에 일어나면 번뇌도 같이 적는 훈련을 한다. 이렇게 하면 마음 정화에 도움이 된다. 이때 번뇌는 크게 세 가지로, 욕심과 화 그리고 모르는 것을 안다고 생각하는 무지다.

생각을 다스리는 또 하나의 방법으로 사람이 내 눈 앞에 없으면 머릿속에 담지 않는 것이 있다. 생각의 대부분을 차지하는 것은 사람에 대한 것이다. 내 눈앞에 없는 사람을 머릿속에 담지 않으면 생각을 많이 줄일 수 있다. 내가 진료실에서 만나는 대부분의 사람들이 사람들에 대해 생각한다. 어떤 주부는 군대에 간 아들 생각을 떨칠 수 없었다. 아들에게 안 좋은 일이 생기면 어떻게 하나 하고 걱정이 되어 견딜 수 없었다. 어떤 남자 환자는 동창의 아버지가 돌아가셔서 문상을 가려고 하니 동창들이 문상을 올 것이고 그러면 동창을 마주칠 텐데 동창들이 요즘 뭐하냐고 물으면 어떻게 대답하나 하고 고민을 했다. 하지만 문상을 갔는데 동창을 한 명도 못 만나 괜히 헛수고 했다는 생각이 들었다. 사람들은 사람을 생각하는 것이 사랑이라고 생각한다. 사람을 생각하다가 지치면 사랑을 할 수 없다. 진정한 사랑은 그 사람에게 진정 도움이 되는 것이고 그 사람이 원하는 것을 해주는 것이다. 사람을 생각하다 보면 애착이 생기거나 걱정이 생길 수 있다. 그래서 실제 만날 때 좋은 마음으로 만날 수 없다. 내 눈앞에 없는 사람은 머릿속에 담지 않고 내 눈앞에 사람이 보이면 그 사람의 마음을 보려고 노력하는 것이 좋다. 그 사람의 마음을 보고 호흡을 맞추어 좋은 시간을 갖는 것이 좋다. 그렇지 않고 내 생각으로 하다가 남에게 상처를 주고 나도 상처를 받을 수 있다.

이런 모든 시도가 실패했을 때 불가피하게 약을 써야할 경우가 있다. 약을 써야 하는 경우는 앞서 이야기한 노력을 하기에 힘들 정도로 생각이 많아 어떻게 할 수 없을 때이다. 이미 너무 부정적인 생각을 많이 해서 자신의 힘으로는 생각을 다스리는 건전한 노력을 할 수 없을 때가 있다. 떠오르는 불안한 생각 때문에 아주 힘들었던 어떤 환자는 약을 먹으면 생각이 나긴 나지만 둔하게 느껴진다고 했다. 약을 먹지 않을 때는 날카롭게 느껴지는 것이 둔하게 느껴지면서 영향을 적게 받는다고 했다. 약은 우리의 정신 작용에 영향을 주는 신경전달물질에 작용하여 생각이 적게 나게 할 수도 있고 그 정도가 덜하게 할 수 있다.

하지만 가장 좋은 방법은 물론 약을 사용하지 않고 스스로 생각을 다스리는 것이다.

생각과
실제

　흔히 사람들은 자기가 생각한 것과 실제가 같다고 생각한다. 자기 눈에 보이는 대로, 자기 귀에 들리는 대로 실제도 그렇다고 생각한다. 그런데 그렇지 않을 때도 있다. 나는 정신과 의사로서 환자나 일반 사람들의 경험과 내 자신의 경험을 통해 우리가 경험한 것과 실제가 다를 수 있다는 것을 알게 되었다.
　한 번은 내가 잘 아는 사람이 자신이 경험한 아주 특이한 일을 나에게 말해주었다. 주말이었는데 직장에서 퇴근을 해 집으로 운전을 해서 가는 길이었다고 한다. 큰길 중앙 차선 분리대에 설치된 화단에 진달래가 만개해 있는 것을 보고 '아! 참 진달래가 잘 피어있구나'라고 감탄했다고 한다. 그런데 집에 가서 옷을 갈아입고 똑같은 길을 다시 운전해서 가는데 보니 진달래가 아니라 개나리가 활짝 피어 있었다는 것이다. 그동안 공사를 할 리도 없는데, 아까 집으로 오면서 본 것은 분명히 진달래였는데 그 자리에 개나리가 있어 너무 놀랐다고 한다. 이 사람도 의학을 공부한 사람이라 더 놀라 나에게 어떻게 이런 일이 가능한지 물었다. 나도 놀랐다. 이 사람이 처음에 본 것은 분명히 진달래였다. 그리고 그 뒤에 본 것도 분명히 개나리다.

사실 나는 이런 일을 진료실에서 환자들을 통해 많이 간접 경험해 와서 이해는 되었다. 그래서 내가 생각한 것을 다음과 같이 말했다. 실제로 화단에 있었던 것은 개나리였다. 그리고 처음에 집으로 갈 때 이 사람의 눈에 들어온 시각적인 자극도 개나리였다. 외부 물체가 눈에 들어올 때는 빛으로 들어와서 망막에서 빛의 자극을 전기신호로 바꾸어 시신경에 전달한 후 시각을 담당하는 뇌에서 물체를 인식한다. 시각을 담당하는 뇌에서 물체를 인식할 때 그 당시 감정 상태나 과거의 경험 그리고 뇌 상태가 영향을 준다. 뇌에서 인식되는 과정에서 개나리가 진달래로 바뀌어 진달래로 인식되었다. 그러나 다시 집에 갔다가 올 때는 처음 눈에 들어간 개나리가 바뀌지 않고 그대로 시각을 담당하는 뇌까지 전달되어 개나리를 보게 되었다.

이처럼 외부 대상을 본 것이 그대로 시각을 담당하는 뇌까지 가지 않을 수도 있다. 물론 대부분의 경우 외부 대상을 본 것이 시각을 담당하는 뇌까지 그대로 가 다른 사람이 보는 것처럼 보지만 때로는 그렇지 않을 수 있다. 예를 들어 사람들이 약속 장소로 많이 정하는 지하철역이 있다고 하자. 그곳에는 항상 사람들이 붐빈다. 그래서 보통 때는 그곳에 사람들이 많은 것이 이상하게 여겨지지 않는다. 그런데 어떤 사람이 살인을 저

지르고 나서 그곳을 가면 마치 형사가 쫙 깔린 것처럼 느껴진다. 앞에서 예를 든 경우처럼 그 당시의 뇌 상태의 영향을 받아 다르게 느껴진다. 살인을 저지르고 나면 살인과 관계된 것이 우리 뇌를 차지하게 된다. 그중에 하나가 형사로부터 쫓기는 것이다.

실제를 있는 그대로 보는 것은 중요하다. 정신 건강에 그대로 직결된다. 실제를 왜곡하는 정도가 정신 건강이 좋지 않은 정도와 같다. 실제에서 멀어지면 멀어진 만큼 정신 건강이 좋지 않다. 실제는 없고 자신이 생각하는 세계만 있는 것이 정신병이다. 물론 정신병이라고 해서 모든 현실이 다 실종된 것은 아니다. 병에 관련된 부분만 실제가 환자의 생각으로 대체된 것이다. 피해망상이 있는 경우는 현실을 피해와 관련된 것으로 왜곡한다.

치료는 환자가 실제를 있는 그대로 보게끔 도와주는 것이다. 실제를 있는 그대로 보려면 자신이 하는 생각과 실제가 다를 수 있다는 것을 알아야 한다. 얼마 전에 본 어떤 남자 직장인은 자신이 남을 너무 의식해서 꾸부정하게 걸어가는 걸 다른 사람이 지켜보는 게 너무 부담이 된다고 했다. 그래서 진료실에서 꾸부정하게 걷는 것을 그대로 한 번 해보라고 하니 직장에서 걷는 대로 걸었다. 내가 보기에 약간 꾸부정한 것은 있으나 남의 눈에 띌 정도는 아니었다. 그래서 다른 사람들이 별로 신경을 안 쓰거나 쓰더라도 환자가 생각하는 정도는 아니라고 말해주었다. 이 환자에게 두 가지 측면에서 치료해야 한다고 말해주었다. 첫째는 이 사람이 생각하는 것과 실제는 다를 수 있다는 것을 확실히 알고 실제를 보도록 노력해야 한다는 것, 둘째는 자신의 걸음걸이나 외모에 대한 생각을 줄이는 것이다. 오랫동안 어떤 생각을 하면 현실을 왜곡해서 볼 수 있다.

실제를 그대로 보는 것이 지혜다

나에게 치료를 받는 여자 대학생은 치료를 받기 전에는 자기 생각이 실제라고 생각했다. 자기가 생각하는 대로 실제로 일어난다고 생각했다. 치료를 받으면서 생각과 현실이 다르다는 것을 알게 되었다. 생각이 실제라고 생각할 때는 생각의 영향을 많이 받았다. 동급생이 자기 책을 봤다는 생각이 들면 실제로 봤다고 생각하고 자신에게 해가 되는 행동을 또 할 것 같아 두려워했다. 그러나 자기 생각과 실제가 다를 수 있다는 생각을 하고 난 뒤는 실제를 보려고 노력하고 확실하지 않은 일에 대해 단정 짓는 일은 하지 않았다. 이제는 어떤 생각이 나도 생각은 생각에 불과하다고 여겨 영향을 덜 받는다.

환자들은 실제를 있는 그대로 보려고 하는 노력을 하면서 많이 좋아진다. 남편에 대한 불신과 화 때문에 정신병에 걸린 어떤 여자가 있었다. 이 환자는 사업을 하는 남편을 도와 사무실에서 같이 일을 하면서 자금 문제에 많은 도움을 주었다. 결코 쉬운 일이 아니었지만 남편을 돕는 일이라 최선을 다했다. 그런데 남편은 자기가 그렇게 어렵게 도와주는 줄도 모르고 자금 사정이 안 좋은데도 사업을 확장하고 직원들도 더 뽑고 회사를 방만하게 운영했다. 환자가 보기에 직원들이 몰래 돈을 빼돌리는 것 같아 남편에게 이야기했지만 듣지 않았다. 그러다가 환자의 친척을 회사 사정이 안 좋다는 이유로 해고 시켰다. 환자는 남편에게 섭섭했다. 그런 날이 몇 달 계속 되자, 이제는 남편만 봐도 화가 났다. 환자는 그 당시에 종교 생활을 하고 있었는데 종교적으로 깊이 빠져들면서 환청이 들리고 초능력이 생겼다는 생각이 들었다. 그래서 정신병원에 입원한 후 좋아져 퇴원해서 치료를 받던 중 나를 찾아왔다. 약을 쓰면서 정신 치료(상담 치료)를 했다. 치료를 하면서 생각과 실제는 다를 수 있으니 실제를 보는 노력을 해야 된다고 말했는데 그 말이 환자의 마음에 와 닿았다. 그래서 자신의 생각보다는 실제를 보려고 노력했다. 남편이 실제 어떤 생각을 하고 어떤 마음인지 보려고 노력하면서 남편에 대해 화를 적게 냈다. 그리고 자신이 생각하는 것을 차분하게 남편에게 이야기했다. 또 과거에는 어떻게 하든 회사 문을 닫지 않으려고만 했는데 이제는 순리대로 최선을 다하려고 하는 마음이 되었다. 회사 문을 닫는 것이 최선이면 그렇게 해야 되겠다는 생각이 들었고 남편과도 그것에 대해 의논했다. 그러면서 상태가 많이 좋아져 약의 복용량도 많이 줄어들고, 스스로 나아지고 있다고 느끼고, 가족도 그렇게 느꼈다.

　　내 생각으로 세상을 보는 것이 아니라 실제를 보려고 하는 것이 진정한 치료의 시작이다. 그렇게 되면 잘못 보는 자기 생각으로부터 자기를 지킬 수 있다. 나는 환자들에게 자신의 생각이나 감정을 믿지 말라고 한다. 자신에게 도움이 되지 않고 자신을 위험에 빠뜨리는 생각이나 감정으로부터 자신을 잘 보호하는 것은 중요하다.

오래 전에 상영된 〈뷰티풀 마인드〉란 미국 영화가 있었다. 정신과 의사로서 이 영화를 봤을 때 참 잘 만든 영화라고 생각했다. 병이 되는 과정과 병에서 깨어나는 과정 그리고 병으로부터 자신을 지키는 것이 영화에 잘 나와 있었다. 이 영화는 실존 인물에 대한 이야기다. 존 내쉬라는 노벨 경제학상을 받은 미국 수학자의 이야기로, 주인공은 극중 소련 암호를 해독하는 국방 프로젝트에 관여한다. 그러다가 정신병이 발병한다. 여기서 정신병이 발병하는 원리가 잘 나타난다. 주인공은 프로젝트에 관여하던 중 자기만의 세계로 들어간다. 이때부터는 현실이 아닌 주인공만의 현실이다. 그래서 정신병이 발생한다. 환자가 처음에는 남과 공유하는 현실 속에 있었기 때문에 그 뒤에 자기만의 세계도 실제 현실로 안다. 모든 정신적인 문제가 다 그렇다. 다른 사람과 공유하는 현실을 처음에는 공유하다가 자기만의 세계로 들어가니 자기만의 세계도 여전히 현실인 줄 안다. 다른 사람과 공유하는 현실과 자기만의 세계를 구별하는 것이 필요한 치료이다. 환자가 그것을 볼 수 있도록 치료자가 도와주어야 한다. 영화의 주인공은 자신의 정신병을 이해 못 하고 자신을 위해하려는 세력이 음모를 꾸미고 있다고 생각해서 이상한 행동을 해 계속 정신병원에 입원한다. 그러다가 주인공이 실제를 보는 일이 일어난다. 영화에 이것이 잘 나타나 있다. 주인공은 환시가 있었다. 여자애가 항상 옆에서 뛰어놀았다. 몇 년이 지났는데 이 아이가 하나도 자라지 않고 똑같다는 사실을 어느 날 깨달았다. 그것이 환시이고 자기 눈에만 보인다는 사실을 알았다. 자신이 보는 것과 실제가 다르다는 것을 알았다. 이때부터 주인공은 자신의 병을 받아들이고 약을 먹기 시작하고 더 이상 입원을 하지 않았다. 현실적으로 변해갔다. 자신을 병으로부터 보호하기 시작하였다. 그래서 연구하여 노벨상까지 받게 되었다. 영화에서 한 번은 노벨상 위원회에서 주인공을 만나러 왔다. 주인공 앞에 낯선 사람이 나타났을 때 주인공의 반응이 나에게 아주 인상적이었다. 주인공이 병으로부터 자신을 보호하는 것이 잘 나타났다. 자신 앞에 나타난 낯선 사람을 보고 주인공은 옆에 있는 동료에게 이 사람이 보이냐고 묻는다. 동료가 보인다고 하니 비로소 말을 건넨다. 만약 안 보인다고 했으면 '내 눈에만 보이구나' 하면서 무시했을 것이다. 나는 필요할 경우 환자들에게 이 영화 이야기를 해준다.

실제를 그대로 보는 것이 지혜다. 실제를 잘 보고 실제에 맞게 하면 일이 잘 풀린다. 실제를 잘 보지 못하고 실제와는 다른 생각을 하면 일이 잘되지 않는다. 현실은 실제에 따라 일어나기 때문이다. 생각은 생각일 뿐이다. 무슨 생각이든 할 수 있다. 그러나 현실은 일이 일어날 만해야 일어난다. 원인과 결과에 따라 필연적으로 일어난다. 무슨 일이든지 일어날 때는 필연적인 과정에 따라 일어난다. 실제를 잘 관찰해보면 그것을 알 수 있다. 이런 것을 잘 알면 음모론 같은 것에 휘둘리지 않는다. 확실히 모르면 음모론 같은 것에 흔들린다. 환자들이 많이 하는 이야기가 영화 〈트루먼 쇼〉다. 공감이 많이 된다고 한다. 그럴 때 나는 이렇게 말한다. 〈트루먼 쇼〉는 영화다. 실제 누가 〈트루먼 쇼〉처럼 하겠나. 어마어마한 돈이 들고 거기에 관여하는 사람들도 뚜렷한 이유가 없으면 참여하지 않는다. 환자를 대상으로 그렇게 어마어마한 돈을 들일 이유도 없고 사람들도 석연

찮은 일이나 자신에게 해가 갈 수 있는 일에는 관여하지 않는다. 영화니까 가능하다. 사람이 움직일 때는 그만한 이유가 있다. 그렇지 않으면 움직이지 않는다. 우리 자신을 보면 잘 알지 않는가. 세상이 움직이는 이치를 알면 음모론이나 〈트루먼 쇼〉 같은 데 흔들리지 않는다. 생각은 염려하고 걱정하는 쪽으로 일어난다. 걱정만 하면 병이 난다. 대책을 강구하는 쪽으로 이동해야 한다. 세상에는 세상의 이치에 따라 일이 일어난다. 그때 나는 '이렇게 하겠다' 하는 마음이 되면 된다. 그러면 정신적으로 문제가 없다. 두려움과 동요가 없어진다.

그러면 실제를 어떻게 바로 볼 수 있을까. 실제를 보는 훈련을 해야 한다. 모든 것은 훈련이다. 우리는 오랫동안 우리 생각으로 세상을 보아 왔다. 생각을 내려놓고 실제를 보는 훈련을 해야 한다. 생각은 자동적인 반응이다. 뭘 듣거나 보면 자동적으로 생각이 든다. 선거철에 후보자를 보면 생각과 감정이 든다. 그것을 내려놓고 실제의 사람을 보려고 노력해야 한다. 그 사람이 하는 말과 표정을 잘 보고 들어야 한다. 내 생각이나 감정을 내려놓고 보고 들어야 한다. 그런 것이 쌓이면 그 사람의 실제에 가까이 간다. 그 사람을 좋아하거나 지지하라는 것이 아니다. 그 사람 마음이 무언지 있는 그대로 알려고 노력하라는 것이다. 정확히 알고 난 뒤에 뭘 하라는 것이다. 그 뒤에 무엇을 하든지 그것은 자유다.

뭘 보고 들을 때 그리고 경험할 때 실제를 있는 그대로 아는 것에 도움이 되는 것이 100퍼센트 집중하는 것이다. 100퍼센트 보고 100퍼센트 듣는 것이다. 우리가 뭘 볼 때 우리 생각이나 개념이 들어간다. 그러면 그만큼 실제를 보지 못한다. 내 생각, 내 개념, 내 과거의 경험이 들어간다. 그것을 배제하고 우리가 보고 듣는 대상에 오로지 집중해야 그 대상을 있는 그대로 만날 수 있다. 나는 오랫동안 100퍼센트 보고 들으려고 노력했다. 무엇을 보든 100퍼센트 보려고 하면 그 대상이나 존재와 온전하게 만나게 된다. 우리는 남을 있는 그대로 정확히 알 수 없다. 다만 100퍼센트 보고 들으려는 마음이 되면 그 대상이나 존재와 만나는 준비를 할 수 있다. 적어도 우리 식으로 보고 오해하는 것은 줄일 수 있다. 진정으로 나 아닌 남을 만날 수 있다. 그래서 남과 줄 것은 주고, 받을 것은 받으면서 공존할 수 있다. 그러면 정신적인 문제는 생기지 않는다.

생각이 없으면
안 되나?

사람들에게 생각이 없는 것이 중요하다고 하면 오해를 하는 경우가 많다. 생각이 없다고 하면 아무 생각도 없이 멍하게 있는 것이라고 생각하는 사람이 있다. 이것은 잘못된 것이다. 멍하게 있는 것은 실제로 보면 멍한 곳으로 마음이 가 있는 것이다. 마음은 속성상 언제나 어디에 가 있어야 한다. 멍하게 있다고 하면 멍한 곳으로 마음이 간 것이다. 어떤 환자는 아무 일도 없는데 마음이 불안하다고 한다. 이 경우도 자세히 보면 마음이 불안을 일으킬 만한 곳으로 가 있다. 사람들은 마음의 속성을 모르고 마음을 자세히 관찰을 하지 못하기 때문에 마음이 아무 일도 없이 불안하다가 또 아무 일도 없이 좋다고 하는데 자세히 보면 불안할 때는 마음이 그런 곳에 가 있고 마음이 좋을 때는 좋은 곳으로 마음이 가 있는 것이다. 마음은 순간순간 어딘가에 가서 그곳의 영향을 받는다. 하루 종일 순간순간 우리의 마음이 어디에 가 있는지를 살펴보는 것이 중요하다. 안 좋은 곳에 가 있으면 좋은 곳으로 옮기는 것이 정신 건강을 지키는 길이다.

생각을 안 하는 것이 좋다는 것은 마음을 생각이 아닌 다른 곳에 두라는 것이다. 멍하게 있으라는 것이 아니다. 생각은 주로 과거와 미래로 마음이 가는 것이다. 생각을 하지 않고 마음을 현재에 두라는 것이다. 지금 이 자리에 두라는 것이다. 현재에 일어나는 일에 집중하라는 것이다. 깨어있으라는 것이다. 멍한 것이 아니다. 현재에 깨어서 현재에 일어나는 일을 정확히 알라는 것이다. 우리는 생각에 빠져서 실제를 보지 못한다. 무슨 일이 벌어지는지, 뭘 아는지, 뭘 모르는지 정확히 모른다. 생각에 빠진 사람은 자신이 정확하게 안다고 생각하지만 본질적으로 볼 때 그렇지 않다. 그중의 한 예가 죽음에 대한 것이다. 진료실에서 보는 괴로운 사람들은 죽음을 많이 생각한다. 누구나 괴로우면 죽고 싶다는 생각이 든다. 프로이트는 인간에게는 죽음의 본능이 있다고 했다. 몸이 힘들 때 쉬고 싶다는 생각이 들듯이 사는 것이 괴로울 때 죽고 싶다는 생각이 자동적으로 든다. 정신과 환자는 죽고 싶다는 생각을 많이 한다. 그만큼 살기가 괴롭다는 이야기다. 환자들 대부분이 하는 이야기가 다른 몸 아픈 것과는 비교가 안 될 정도로 정신적인 고통이 힘들다고 한다. 그래서 치료자로서 환자들이 죽고 싶어 하는 것에 대해 질문한다. 그러면 죽고 싶다고 한다. 그때 "죽으면 어떻게 됩니까?" 하고 물으면 "죽으면 끝이지 뭐가 있어요?" 하고 반문한다. 내가 "그걸 어떻게 아세요?" 하면 "그럴 것 같은 생각이 든다."고 하지 뚜렷한 근거를 대는 사람이 없다. 그래서 내가 "정확한 것은 모르는 것이지요." 하면 "그렇다."고 한다. 알고 모르고가 분명

해야 한다. 생각 속에 있으면 알고 모르고가 불분명해진다. 알고 모르고가 분명하려면 분명한 앎이 생겨야 한다.

현재에 집중해야 알 수 있다

현재에 집중하면 분명한 앎이 하나씩 하나씩 생긴다. 양치하는 것에 집중하면 양치할 때 손이 움직이고 잇몸에 칫솔이 닿고 그때 드는 느낌이 분명히 느껴진다. 그리고 그것을 보고 있는 마음이 있다는 것도 안다. 몸과 마음이 있어 순간순간 작동하고 있다는 것도 안다. 그것이 작동될 때는 작동될 만한 상태니까 작동된다는 것을 안다. 그것이 작동 안 될 상태이면 작동 안 된다는 것을 안다. 그것을 받아들여야 한다는 것도 안다. 자연스러운 것이라는 것을 안다. 존재를 유지하기 위해 매 순간 몸과 마음에서 작용이 일어난다는 것을 안다. 밥을 먹는 것을 잘 관찰해보면 밥을 먹는 것도 하나하나의 과정으로 이루어져 있다는 것을 안다. 숟가락을 들고 밥을 퍼서 입에 넣고 씹고 그것도 하나하나 씹을 때 침이 같이 섞여서 넘어간다는 것을 알 수 있다. 이런 하나하나의 과정을 관찰하지 않으면 밥은 그냥 먹어지는 것으로 생각한다. 자칫 잘못하면 정확히 알기 어렵다.

정신작용도 마찬가지다. 생각, 느낌, 지각, 의도, 의식이 일어나는 것을 자세히 보지 않으면 그냥 생각으로 자기가 나름대로 생각한다. 느낌을 예로 들어 보자. 느낌을 있는 그대로 자세히 보면 느낌은 어떤 조건이 되면 그 느낌을 받는다. 순간적으로 느낌 현상이 일어난다. 그래놓고 내가 느꼈다고 생각한다. 다르게 느낄 수 있었는데 그렇게 느꼈다고 생각한다. 물론 다른 사람 속에서 그 느낌이 든 것은 아니다. 자기 속에서 일어났다. 그렇지만 그 느낌을 전적으로 자신이 통제할 수 있었다고 생각하면 문제다. 제대로 정확하게 알지 못하는 것이다. 우리 몸과 마음부터 정확하게 알고 그 뒤에 다른 사람, 사회, 자연에 대해 정확하게 알게 되는 그 첫걸음이 생각을 정지하고 현재에 집중하는 것이다.

생각은 일하는 것이 아니다. 생각은 생각일 뿐이다. 눈에 보이는 결과가 없다. 현재에 집중하는 것은 일하는 것이다. 그래서 일한 결과가 있다. 현재에 집중하면 정확한 앎이 생긴다. 미얀마에 있는 쉐우민 센터라는 불교 수행처를 창건한 쉐우민 사야도(미얀마 말로 큰 스님이라는 뜻)는 제자들에게 항상 일을 하라고 했다. 미얀마 수행자는 경제적인 활동을 하지 않는다. 쉐우민 사야도가 일을 하라고 한 것은 생각을 하지 말고 현재에 집중하라는 이야기다. 집중함으로써 정확히 알라는 것이다.

생각하지 말라고 해서 생각을 무시하라는 것은 아니다. 우리가 생각 안 하려고 해도 생각은 떠오른다. 떠오르는 생각 중에서 필요한 것은 메모를 해두어야 한다. 그리고 필요할 때는 생각을 해야 한다. 그럴 때 생각하는 것을 알면서 생각하면 된다. 그래서 필요한 만큼 하고 정지할 수 있으면 된다.

나는 8년 정도 전부터 해결해야 할 일이나 처리해야 할 것이 있으면 그것이 무슨 일이든지 마인드맵을 한다. 평소에는 현재 하고 있는 일에 집중한다. 공연히 생각하는 것은 안 한다. '나중에 이거 해야지' 하는 생각은 안 한다. 마음의 본질을 알기 전에는 잠잔다고 누워 있을 때 '오늘 무슨 일을 했지' '내일은 무슨 일을 해야지' 하고 생각을 했는데 마음의 본질과 생각의 본질을 알고 난 뒤는 그런 생각을 하지 않고 숨이 들락날락 하는 것을 지켜보다가 잔다. 내일 무슨 일 해야지 하고 생각을 많이 해도 사실 다음날이 되면 그 전날 자기 전에 생각한 것과는 다른 상황이 되고 그것이 별로 도움이 안 되는 경우가 많다.

마인드맵은 학습에 대한 연구를 할 때 알았던 것인데 생활에 활용을 못 하다가 8년 전부터 해야 할 일이 있을 때, 예를 들면 원고를 쓰거나, 강의를 하거나, 여행을 가기 위해 짐을 챙기거나 할 때 공연히 생각하기 보다는 마인드맵을 하면 내 속에 준비된 것이 다 올라올 수 있고 올라오는 것을 내가 지켜볼 수 있어 현실 생활과 수행 모두에 좋아서 하고 있다. 만약 원고를 쓴다면 지금까지 내가 경험한 것, 공부한 것, 아는 것에서 할 수 있는데 마인드맵하는 종이를 앞에 두고 눈을 감고 가만히 있으면 내 속에 준비된 것이 하나씩 하나씩 올라온다. 올라오는 것을 지켜보면서 다 올라올 때까지 기다리면 된다. 우리 속에 든 것이 다 떠올랐을 때 관계된 내용은 관계된 내용끼리 정리하면 된다. 이런 작업을 하면서 현재에 집중하는 것을 유지할 수 있다. 다 떠오르면 그것을 가지고 원고를 치면 된다. 우리는 우리 속에 없는 것을 할 수 없다. 이런 사실을 분명히 알게 되면 별로 힘들지 않고 우리가 하는 일을 즐기게 된다. 모자라는 것은 채워 넣으면 된다.

그런데 우리가 생각하는 것은 대부분 생각할 필요가 없는데 생각하는 것이다. 우리에게 필요한 것은 실천이다. 그리고 실천하면서 필요한 것이 나타난다. 계획을 세우는 심리를 보면 이러한 사실을 잘 알 수 있다. 누구나 계획을 세워 봤을 것이다. 학교 다닐 때 시험을 앞두고 계획을 안 세워본 사람은 없을 것이다. 나도 학교 다닐 때 계획을 많이 세웠다. 계획 세우는 사람들의 심리를 보면 시험을 앞두고 공부를 해야 되는데 당장은 하기 싫고 아무것도 하고 있지 않으니 불안하고 앞으로 시험 준비를 어떻게 하나 걱정해서 계획을 세운다. 계획을 세우면서 하루하루 계획에 따라 공부할 것을 생각하면 안심도 되고 뿌듯하다. 그러고는 대부분의 경우 계획을 세운 날은 공부를 하지 않고 쉰다. 보통 다음날부터 하는 계획을 세운다. 다음날도 공부를 안 하면 좀 더 빡빡하게 계획을 세운다. 그랬던 기억이 있다. 계획을 아무리 잘 세워도 그것은 하는 것이 아니다. 다만 일할 준비만 한 것이다. 일로 연결이 되어야 한다. 마음의 위안만 받고 끝나서는 안 된다. 사실 계획이 필요한 것은 아니다. 이미 머릿속에 할 일에 대한 계획이 잡혀있다. 왼쪽 뇌에서 그 일을 한다. 직접 하면서 현실에 맞게 수정이 되어야 된다. 이미 세워져 있는 계획을 실행하기보다는 하기 싫어 계획만 반복해서 세우고 있는 것이다. 본질적으로 볼 때 계획을 세우지 않아 공부를 못 하는 것은 아니다. 이러한 계획은 불필요한 생각에 속한다.

후회나 반성도 불필요한 경우가 많다. 후회나 반성은 말은 그럴듯하지만 실제를 보면 앞에서 말한 계획처럼 문제가 있다. 먼저 후회를 보면 지나간 일에 대해 후회하는 것이다. 실제로 어떤 일을 하고 난 후 그때 다른 일을 했어야 하는데 바보같이 실제로 했던 일을 했다고 생각하는 것이다. 여기에는 무지와 욕심이 작용한다. 무지는 그때 실제로 한 일과 뒤에 그것을 했더라면 좋았을 텐데 하는 일, 그 두 가지 일이 그 당시 동시에 선택이 가능했다고 생각하는 것이다. 그 당시를 자세히 보면 순간적으로 실제로 한 일만 가능했다. 다른 것은 그 순간에 우리의 마음속에 있지 않았다. 정신적인 판단은 우리 존재 속에서 아주 빠른 속도로 일어난다. 그 당시의 조건에 따라 아주 빠른 속도로 진행된다. 특히 뇌에서 정보처리 시스템이 가동될 때 상상을 초월하게 빠른 속도로 일어난다. 수행을 통해서 순간순간 몸과 마음, 특히 마음을 관찰해보면 그것을 알 수 있다. 비유를 하면 권투선수가 시합에서 케이오 패를 당한 후 다음 날 시합 비디오를 보면서 자신이 케이오 패 당하게 된 펀치를 '이렇게 피했어야 했는데' 하고 말하는 것은 말이 되지 않는다. 그 당시 그것이 가능했으면 그렇게 했을 것이다. 그것은 그 당시에 안 되는 것이었다. 후회는 이러한 사실을 모르는 무지로부터 출발한다. 욕심은 무지를 바탕으로 해서 자기가 바라는 것이 이루어지기를 바라는 것이다. 후회는 잘못 알고 이루어질 수 없는 것을 바라기 때문에 이루어지지 않고 우리를 힘들게 한다.

　　실생활에서 후회의 예를 하나 더 들어보자. 낯선 곳에 가서 식사 때가 되어 어느 음식점이 맛있을까 하여 고르다가 어느 집을 선택하여 들어가 먹었는데 맛이 없었다. 그때 왜 내가 다른 집에 안 갔을까 하고 후회하는 경우다. 그 당시도 최선의 선택을 하고 싶었지만 몰랐고 들어간 집이

제일 맛있을 것 같아 들어갔을 것이다. 그런데 후회한다면 앞서 말한 무지와 욕심이 작용한다고 봐야 한다.

 우리 주위에서 보면 결정을 잘못 하거나 결정하는데 시간이 많이 걸리는 사람이 있다. 이 경우도 문제가 있는 경우가 많다. 물론 잘 선택하기 위해 정보를 많이 모으고 써본 사람에게 물어보는 것은 문제가 아니다. 그런 노력 없이 어느 것이 좋을까 하고 생각만 자꾸 하는 경우는 문제가 있다. 해보지 않았는데 어떻게 알 수 있나. 지금 최선이다 싶은 것을 선택해 실제 해보면 그것에 대해 알 수 있다. 그리고 나머지 선택 안 한 것도 해보면 알 수 있고 다음에는 그 경험을 바탕으로 자기에게 맞는 것을 알 수 있다. 그것을 생략하고 좋은 것을 선택하려고 하는 것은 욕심이다.

 반성도 생각할 문제가 있다. 진정한 반성을 문제 삼는 것은 아니다. 과거를 반성해서 잘못된 과거를 반복하지 않는 것은 중요하고 건강한 것이다. 그렇게 해야 한다. 다만 안 하려고 하는 마음이 반성에서 작용하면 곤란하다. 반성할 일이 있다는 것은 제대로 하지 않은 것이 있다는 것이다. 그러면 앞으로 제대로 하기 위해서는 뭔가를 해야 한다. 뭔가를 하려면 힘이 있어야 하고 마음이 가벼워야 한다. 그런데 반성을 잘못하면 힘이 빠진다. 반성하는데도 시간과 힘이 필요하다. 자칫 잘못하면 반성하면서 시간 낭비하고 힘이 빠질 수 있다. 과거에 뭘 제대로 안 했듯이 지금도 제대로 안 하고 있는 것이 반성일 수 있다. 이것은 경계해야 한다. 반성이 습관처럼 될 수 있다. 제대로 안 하고 또 그것에 대해 면죄부 받는 것처럼 반성하고 정작 필요한 일은 안 하는 것이 일어날 수 있다.

어떤 생각이 필요하고 어떤 생각이 필요하지 않는가는 결과로 판단해야 한다. 실제 일로 이어지는 생각은 필요하고 실제 일을 하지 않기 위해 하는 생각은 필요하지 않다. 마음을 열고 자신을 잘 관찰해야 한다. 그래서 자신에게 진정 도움이 되는 것을 해야 한다. 우리가 뭘 하든 그것은 결과를 가져온다. 그리고 그 결과에 따라 우리는 행복하기도 하고 불행하기도 하고, 우리 인생이 의미 있고 가치가 있기도 하고 그렇지 않기도 하다.

2부‥ 나를‥ 보다‥

당신의 첫 기억은 무엇입니까?

오래전 모 방송국의 상담 프로 패널로 참석할 당시였다. 정신과 의사이면서 정신 치료를 하는 선배를 만났는데 방송에 나갔던 얘기를 하자 "그래, 그 사람 첫 기억이 뭔지 물어봤어?" 하고 물었다. 나는 첫 기억에 대한 얘기는 너무 전문적이라 방송에서 물어보는 것이 적절치 않았다고 대답했다.

학파에 따라 차이는 있지만 꽤 많은 정신 치료 전문가들이 내담자를 만나면 꼭 첫 기억이 무엇인지 물어본다. 첫 기억 속에 그 사람의 문제의 핵심이 들어 있는 경우가 많기 때문이다. 그래서 첫 기억은 환자의 문제를 파악하는데 중요한 단서가 된다.

어느 날 30대 중반의 남자가 나를 찾아왔다. 여러 사람이 모여 있는 회의나 모임에 참여하면 긴장되고 가슴이 두근거린다고 했다. 또 자기보다 낫다고 생각되는 사람이 앞에 있으면 무척 위축되어 힘들다고 했다.

이 사람에게 첫 기억에 대해 물었는데 그 기억 속에 문제의 근원이 될 수 있는 것이 들어 있었다.

　이 환자의 첫 기억은 3~4살 때의 희미한 것이었다. 기억 속에서 그는 툇마루에 혼자 앉아 있었는데 비록 어른이 되어 표현한 것이긴 하지만 '적막강산' 같았다고 말했다. 주위에 자기를 돌볼 사람이 아무도 없어 외롭고 권태롭게 느껴졌다. 이 환자의 주된 문제인 자신감이 없고 위축이 잘되는 것과 직접적인 관련이 있었다.

　이처럼 환자의 첫 기억은 환자를 이해하는데 무척 중요하기 때문에 정신 치료를 하는 경우 거의 빠짐없이 묻는다. 단순한 기억뿐 아니라 그때의 느낌, 그리고 감정까지 같이 묻는다. 특별한 기억이 아니어도 좋으니 뭐든지 기억나는 것을 말하라고 한다. 희미한 기억도 좋고 단편적인 기억도 좋으니 뭐든지 살아오면서 생각나는 것 중에 가장 어렸을 때 기억을 말하면 된다고 한다. 대부분 사람들은 살아오면서 한 번도 첫 기억에 대해서 생각하지도 않고 첫 기억이 중요하다고 말한 사람도 못 만나봤을 것이다. 환자들은 의아해하며 그걸 왜 묻지 하는 반응을 보이는 경우가 많다. 그러면 "당신이 살아온 인생을 훑어보기 위해서 묻습니다." 하고 대답한다. 대개 5~6살 때의 기억을 이야기하지만 어떤 사람은 3~4살 또 어떤 사람들은 그보다 더 어렸을 때를 이야기하기도 한다. 어떤 환자는 자기가 엄마 젖을 먹는데 못 먹게 했던 것을 기억한다고 했다. 드물긴 하지만 어떤 환자는 엄마 뱃속에 있을 때를 기억한다고 하는 사람도 있다. 어떤 사람은 첫 기억이 없다고 이야기한다. 첫 기억이 없을 수는 없다. 태어나서 기억하는 것 중에 가장 어렸을 때의 기억이니 그것이 없을 수는 없다.

꼭 정신 치료를 받는 환자뿐만 아니라 일반 사람들도 자신의 첫 기억을 알면 자신을 이해하는데 도움이 될 수 있다. 같이 정신 치료를 하는 동료들과 가끔은 자신이 살아온 이야기를 할 때가 있는데 그때 어떤 동료가 이야기해주는 첫 기억이 지금 그 동료가 보이는 행동과 놀라운 일치를 보여주는 것을 보고 첫 기억이 참 중요하구나 하는 생각을 다시금 했다. 그 동료는 융통성이 많고 아주 활발한데 첫 기억에 이미 그런 행동이 보였다. 그 동료는 그 첫 기억과 현재의 자신을 어떻게 연결시키고 있는지는 모르지만….

내 첫 기억이
나의 모습을 알게 해준다

정신 치료자인 나에게 사람들의 첫 기억은 언제나 관심의 대상이다. 그렇지만 함부로 물어볼 수는 없다. 자칫 잘못하면 사생활 침해라는 오해를 받을 수 있기 때문에 자연스럽게 이야기가 나오지 않은 경우가 아니면 물어보지 않는다.

그런데 우연히 달라이 라마의 첫 기억을 듣게 되었다. 티베트 망명정부의 정치적, 종교적 지도자이고 노벨 평화상 수상자인 달라이 라마와 심리학자, 과학자와의 대화를 주관하는 단체인 마음과 생명 연구소(The Mind and Life Institute)에서 2009년 10월에 미국 워싱턴에서 '세계 시민을 어떻게 공감 능력과 자비심이 있는 사람으로 교육할 것인가'라는 주제로 진행한 모임에서였다. 그 모임에서 미국 하버드 대학교에서 태아의 발달을 연구하고 있는 한 일본 정신과 의사가 출생 시에 눈이 완전히 발육하지 않는다는 발언을 하자 달라이 라마가 갑자기 "출생 시에 눈이 몇 퍼센트 발달하느냐"고 물었다. 이에 일본 정신과 의사가 70퍼센트인가 얼마인가 하며 완전히 발육하지는 않는다고 대답했다. 그러자 달라이 라마가 "내가 세상에 처음 태어났을 때 왼쪽 눈은 다 뜨고 오른쪽 눈은 반쯤 뜨고 누나를 봤다."는 말을 했다. 물론 그 일본 정신과 의사도 당황하여 아무 말 못했고 청중들도 놀랐고 나도 놀랐다. 달라이 라마의 첫 기억은 태어나면서 누나를 본 것이다. 첫 기억에 관심을 가진 정신 치료자로서 달라이 라마의 첫 기억을 어떻게 해석해야 할까? 물론 달라이 라마의 그때의 의식 상태, 느낌, 감정을 물어보지 못해서 추측을 해보아야 할 것이다.

 달라이 라마는 뚜렷한 한 인격체로서 태어나면서 주위에 누가 있나 하고 둘러본 것 같다. 주체성이 뚜렷하고 깨어있고 자신의 목적이 뚜렷하면 신체적인 제약을 많이 받지 않을 수 있다. 티베트 불교에는 린포체(Rinpoche)라는 것이 있다. 린포체는 환생이 인정된 사람을 말한다. 과거 생에 수행을 많이 한 사람이 자신이 원하여 사람으로 태어났는데 그것이 증명된 경우다. 달라이 라마도 린포체다. 달라이 라마의 첫 기억은 이런 측면에서 이해하는 것이 좋을 것 같은 생각이 든다. 자신의 의지와 원(願)으로 다시 태어나다 보니 내가 다시 오는 세상은 어떨까, 내 가족은 어떤 사람인가 하는 마음이 아니었나 싶다. 그래서 태어나면서부터 주체적으로 자기 주위를 둘러보고 자신의 삶을 시작하는 것이 아닌가 한다. 달라이 라마의 첫 기억은 달라이 라마 인생의 핵심인 주체적인 삶을 보여준다고 볼 수 있다.

　모든 첫 기억이 다 그렇지는 않지만 첫 기억은 그 사람 인생의 중요한 일면을 보여준다. 긍정적이든 부정적이든 중요한 일면을 드러내준다. 내가 진료실에서 보는 환자들의 경우에는 첫 기억이 환자들의 문제의 근원을 보여주는 경우가 많다. 일반 사람의 경우에도 첫 기억은 어떤 사람이든 그 사람의 삶의 중요한 면을 보여주는 경우가 많다.

　우리가 우리 자신을 있는 그대로 아는 것은 참 중요하다. 남이 나를 보듯이 내가 나를 봐서 나의 장점은 살려나가고 남의 눈에 띄는 단점을 고쳐나간다면 살아가면서 어려움이 적을 것이다. 첫 기억도 내가 진정으로 어떤 사람이라는 것을 아는데 도움이 될 수 있다. 첫 기억과 지금의 내 모습과의 연관성을 찾아보는 것도 나를 있는 그대로 아는데 도움이 된다.

자신의 마음을
그대로 드러내세요

정신과 의사이지만 '자신의 마음을 있는 그대로 표현하는 것'이 얼마나 큰 위력을 가지는지를 확인할 때마다 나 자신도 자주 놀라곤 한다.

괴로운 일이 있는데 아무에게도 말 못하고 속으로 끙끙 앓다보니 가슴은 답답하고 소화도 안 되고 온몸이 아프던 사람이 진료실에 와서 자신의 고민을 시원하게 탁 털어놓고 나서는 가슴 답답하던 것도 풀리고 속도 뚫리고 몸이 가뿐해지는 것을 보면 자유롭게 표현한다는 것이 얼마나 중요한가 하는 것을 새삼 실감한다.

이런 표현의 중요성을 잘 인식하지 못하는 환자들이 가끔 진료실에서 "이렇게 이야기만 한다고 해서 병이 나을 수 있나요?"라고 말하면서 약이나 주사를 주지 않고 이야기만 하는 것에 대해 부정적이고 회의적으로 묻는다.

그럴 때 표현의 중요성을 설명해주면서 "만약 당신에게 힘든 일이 생겼을 당시에 지금 나에게 상담하듯이 속 시원하게 털어 놓고 의논도 하고 필요하면 하소연도 할 수 있었다면 이렇게 병이 안 생겼을 겁니다. 지금이라도 마음에 응어리진 것을 시원하게 털어놓는다면 마음이 한결 가벼워지고 신체적인 상태도 훨씬 좋아질 겁니다."라고 대답해준다.

    물론 모든 환자를 상담만으로 치료하지는 않는다. 처음에 정신적인 고통으로 시작하였지만 오랫동안 계속되어 신체적인 증상을 동반하였거나 정신적인 고통이 심한 경우에는 약을 병행한다.

    가끔 정신과 진료실에서는 웃지 못할 일이 벌어진다. 이 얘기는 내가 직접 경험한 얘기는 아니고 다른 동네에서 개업하고 있는 동료가 경험한 이야기다. 할머니 환자가 진료실에 들어와서는 아무 말도 하지 않고 있었다. 의사가 왜 그러냐고 물었더니 할머니가 "여기서 이야기 많이 하면 돈을 많이 받는다면서요."라고 했단다.

    지금은 많이 좋아지긴 했지만 아직도 정신과에 대한 인식은 그리 썩 좋은 편이 아니다. 정신 장애의 원인과 치료에 대한 인식이 좋지 않아 치료에 앞서 이런 것을 교육할 필요를 느낄 때가 많다. 특히 환자가 자신을 마음 놓고 표현하고 이야기할 수 있도록 하기 위해서라도 이런 교육이 필요하다고 느끼는 경우가 많다.

솔직하게 표현하는 것의 힘

    자신을 자유롭게 표현한다는 것이 얼마나 중요한가를 보여주는 환자가 있어 소개하겠다. 20대 초반의 여대생이 진료실을 찾아왔다. 아름다웠고 건강해 보이는 여성이었다. 하지만 얼굴에 수심이 가득했다. 답답해서 찾아왔다고 하면서도 자신의 이야기를 하지 못하고 머뭇거렸다. 한참을 있다가 눈물을 흘리면서 이야기를 시작했다. 장래에 결혼을 약속한 남자가 있는데 그 남자는 작년에 대학을 졸업하고 현재 회사에 다니고 있다고 했다. 그런데 그 남자가 직장생활을 시작하고 얼마 되지 않아 같은 직장의 동료 여자가 그 남자 자신의 어머니를 연상시켜서 자꾸 관심이 간다고 말했다. 그러나 그 감정은 이성적인 감정과는 다르다고 했다. 그러나 그 말을 듣고 환자는 충격을 받았다. 자기 아닌 다른 여자를 이유가 어떻든 그렇게 관심을 가지고 생각한다는 것이 용납이 되지 않았던 것이다.

그 말을 듣고 난 뒤부터는 공부도 거의 할 수 없었고 그 남자도 믿지 못하겠고 회사일로 출장을 갔다 온다고 해도 공연히 의심이 되었다. 그렇지만 아무하고도 이것을 의논하지 못했다. 주위 사람들에게 사이좋은 짝으로 소문이 나 있는데 이런 것을 이야기하면 자신에게 큰 오점이 될 것 같았고 자존심이 상할 것 같았다. 2년을 혼자서만 괴로워하다가 이러다가는 미칠 것 같은 생각이 들어 나의 진료실을 찾아 왔던 것이다.

이야기를 다 들어보니 그야말로 아무것도 아닌 일이었다. 가까운 친구와 툭 터놓고 의논을 했다면 쉽게 해결이 되었을 터인데 2년을 혼자서 생각만 하다 보니 생각이 극단적인 방향으로 흘러갔던 것이다.

그래서 나는 환자에게 "남자 친구가 동료 여자에 대해 그런 감정을 가질 수 있다. 그 여자가 어머니를 연상시켰기 때문에 어머니에 대한 감정이 나온 것이다. 그 여자에 대한 감정은 어머니에 대한 감정이지 이성적인 감정이 아니다. 그것과 당신에 대한 사랑의 감정은 별개의 것이다. 우리가 살아가면서 상대방에 대해서 인정할 것은 인정해야 한다. 누구든지 살아가면서 그런 경험을 할 때가 있고 그것은 자연스러운 일이다."라고 이야기해주었다.

며칠 뒤 이 환자가 다시 찾아왔는데 수심이 말끔히 걷힌 밝은 표정이었다. 이제 전과 같은 생각을 하지 않는다고 하면서 치료를 더 받지 않아도 될 것 같다고 하면서 밝게 웃었다. 상담한 첫날 상담을 끝내고 나가며 가슴이 시원해지면서 응어리진 것이 풀리는 느낌이 들었다고 했다.

이 경우처럼 가슴이 응어리진 것이 한두 번의 상담으로 마치 오래 곪았던 종기에서 고름이 빠져 나오듯이 풀리는 것은 흔히 있는 일이다.

몇 년 전에 상담했던 한 여대생은 "선생님, 이상해요. 여기서 이야기하고 나면 그것에 대해서 생각을 안 하게 되요. 거기서 벗어나게 되요." 하면서 매우 신기해했다.

실제로 쥐를 무서워하는 사람에게 쥐를 자꾸 그리게 하면 쥐를 덜 무서워하게 된다. 쥐를 그림으로써 쥐에 대한 공포심이 빠져 나가는 것으로 볼 수 있다. 이처럼 표현을 하는 것이 정신 건강에는 무척 중요한데 일반 사람들은 표현의 중요성을 잘 모르고 있는 것 같다.

물론 자유롭게 자신을 표현하지 못하게 하는 요인들도 있다. 앞서 예를 든 여대생의 경우 남들은 자신을 아주 보기 드문 멋진 연애를 하고 있는 것으로 아는데 남자가 그런 감정을 이야기하자 자존심이 도저히 허락

하지 않았고 심지어 가까운 친구에게 조차 그런 이야기를 하지 못했다고 한다. 하지만 환자는 자존심이 상할 것 같아 이야기하지 못했다고 했는데 내 생각에는 오히려 자존심이 약해서 말을 못한 것이다. 어떠한 경우에도 자기를 소중히 여기는 것이 자존심이다.

남의 눈치 때문에 자기를 희생시키는 것은 진정한 자존심이 아니다. 또한 말을 못하는 것은 그것을 감당할 힘이 없어서 그랬다고 볼 수 있다. 그런 것을 의논하는 것이 오히려 그 사람의 강한 면을 보여주는 것이다. 그런 일은 청춘남녀 사이에서 언제나 일어나는 일이고 그런 것을 얼마나 슬기롭게 이겨나가느냐에 따라 사랑이 더욱더 깊어지고 그런 것을 통해 서로의 인격이 성숙해질 수 있는 기회가 많아지는 것이다.

모든 질병은 예방이 가장 중요하다. 정신 장애도 마찬가지다. 일단 한 번 병이 되면 치유되는데 시간이 많이 걸리고 후유증도 생기며 병으로 인해 많은 손해가 있을 수도 있다. 정신 장애를 예방하는데 자기 자신을 '솔직히 표현하는 것'만큼 좋은 것이 없다. 평소 관계가 좋은 친구나 선배, 선생님이나 가까운 친지에게 자신의 힘든 점을 솔직하게 있는 그대로 표현하고 조언을 듣는다면 해결되지 않을 일은 거의 없다고 단언할 수 있다.

왜 싫어하던 사람을
닮아갈까?

요즘 학교 폭력 문제가 심각하다. 학교 폭력으로 인해 자살을 하기도 하고 정신적인 문제가 생기기도 한다. 학교 폭력을 당하면 정신적으로 여러 가지 영향을 받는다. 그중에서도 심각한 것은 '공격자와의 동일시(Identification with aggressor)' 현상이다. 공격자와의 동일시는 정신분석 용어인데 자기를 가해하는 사람을 닮아가는 현상을 말한다. 말하자면 사람이 바뀌는 것이다. 자기를 괴롭히는 사람이 있을 때 자기가 싸워서 이기든지 누구의 도움을 받아서 그 영향에서 벗어나지 못하고 괴롭힘을 받다 보면 나중에는 자기도 괴롭히는 사람과 비슷해진다는 것이다. 그래서 또 남을 괴롭히기도 한다. 폭력의 악순환이 생긴다. 이러한 현상을 잘 보여주는 사례가 있어 소개한다.

중학교 3학년 남학생을 둔 부모가 아이를 진료실에 데려왔다. 그럴 아이가 전혀 아닌데 최근에 두 번이나 가출을 해서 그 이유를 알아보니,

학교에서 같은 반 아이가 자기를 괴롭혀서 그 아이가 안 보이는 곳으로 가고 싶어서 그랬다고 했다.

3학년 올라와서 학교 성적도 많이 떨어지고 집에서도 전과 달리 신경질을 많이 부리며 불안, 초조해 보일 때가 많았다고 했다. 그런데 부모에게도 자기를 괴롭히는 애가 있다는 이야기를 전혀 하지 않아 아무도 그 사실을 모르고 있었다.

1남 2녀 중 외아들인 이 아이는 시골에서 초등학교를 졸업하고 서울로 왔는데 서울 생활에 적응도 잘했고, 친구 관계도 원만했으며, 다소 놀기를 좋아했고, 나이에 비해 좀 어린 점이 있긴 했지만 별 문제가 없는 학생이었다. 괴롭히는 아이에 대해 자세히 물어보니 약 1년 6개월 전부터 괴롭힘을 당했으며 반 아이들이 아무도 모를 정도로 은밀하게 괴롭혔다고 했다. 근처 산에 끌려가 심하게 맞기도 했고 학교에서도 아무도 없을 때 주로 맞았다.

만약 가족이나 학교에 그 사실을 알리면 '쥐도 새도 모르게 죽이겠다', '평생 따라다니면서 괴롭히겠다'는 협박을 수시로 들었다. 보복이 두려워 누구한테도 말하지 못했다. 부모에게도 알려봤자 아무런 도움이 안 되고 오히려 더 괴로울 것만 같아 계속 당하다가 도저히 못 견디게 되어 최근에 가출하게 된 것이다.

처음 상담할 당시 이 환자는 자기를 괴롭히는 학생만 보면 가슴이 두근거리고 심한 공포심을 가졌다. 이 경우 치료의 목표는 크게 두 가지다. 하나는 가해 학생에 대한 공포심을 없애는 것이고, 다른 하나는 예전과 다르게 변한 이 학생을 본래의 모습으로 되돌려 놓는 것이다. 이 학생은 자신도 모르게 눈빛이 날카롭고, 껄렁껄렁하고, 비행청소년 같은 말투와 행동을 했다.

처음에 이 환자의 공포심을 줄이기 위해 진정제를 쓰면서 적극적으로 안심을 시켰고, 부모에게도 아이가 안심할 수 있게 모든 방법을 강구하여 다시는 가해 학생이 괴롭히지 못하도록 하라고 했다. 적당히 해서는 안 된다고 당부했다. 다행히 같은 반 아이들이 이러한 사실을 알고 분개하여 가해 학생을 소외시키고 이 아이를 도와 준 것이 큰 힘이 되었다.

그리고 이 학생 스스로도 가해 학생과 같이 다니면서 그 아이와 비슷하게 시비를 걸고, 남을 때리고, 돈도 뺏고, 신경질을 부리고, 다른 애들 앞에서 폼을 잡고 하는 것이 문제가 있다고 자각했으며, 꾸준한 상담을 통해 많이 고쳐졌다. 가해 학생을 만나기 전의 천진난만하고 평범한 학생으로 돌아가기 위해 노력하여 많이 좋아진 것이다.

이와 같이 자기를 괴롭히는 사람을 싫어하면서 자기도 모르게 꼭 닮게 되는 경우가 있다. 술주정이 심하여 어머니를 구타하고 자식을 못살게 구는 아버지를 둔 아들이 크면 그 아버지 같은 술주정뱅이가 되는 경우나, 바람을 많이 피운 아버지를 증오하면서 '나는 절대로 저렇게 하지 않겠다'고 다짐했던 아이들이 바람둥이가 되는 경우, 혹은 호된 시집살이를 한 며느리가 시어머니가 되어 시집살이를 고되게 시킨다든지, 또는 부하 직원을 심하게 다루는 상사 밑에서 직장생활을 했던 사람이 윗사람이 되면 자기의 부하 직원을 옛날에 자기가 당했던 방법으로 다루는 경우가 그러한 예다.

남을 괴롭히는 사람은
과거에 남에게 괴롭힘을 받았던 사람

내가 치료했던 한 여자 환자는 어렸을 때 어머니가 자기가 학교에 갔다 오면 현관에서 옷을 다 벗고 새 옷으로 갈아입고 들어오게 했는데, 그것이 싫어 자기는 커서 절대로 어머니처럼 되지 않겠다고 맹세했다. 그런데 자기가 커서 어머니가 되어 자기 딸에게 그러고 있는 것을 보고는 소스라치게 놀랐다.

왜 싫어하면서 닮게 될까? 안 그러겠다고 맹세까지 했는데 결과적으로 왜 그렇게 되어 있을까? 상식적으로는 도저히 이해가 되지 않는다. 물론 모두 다 이렇게 되는 것은 아니다.

미국 대통령 빌 클린턴은 알코올 중독자인 의붓아버지 밑에서 자랐는데도 그렇게 되지 않고 훌륭하게 컸다. 또 어떤 사람은 술 먹은 아버지가 싫어 술을 평생 한 방울도 입에 안 대는 사람도 있다.

자기가 싫어하는 사람과 닮느냐 아니냐는 개인마다 갖고 있는 성격에 의해 많이 좌우된다. 주로 자기중심이 없고 주체성이 부족하며 자기를 괴롭히는 대상에 대한 심한 불안감이나 공포심을 느끼는 경우에 이런 현상이 잘 나타난다.

이렇게 자기를 괴롭히는 사람과 닮게 되는 것을 앞에서 말한 대로 정신분석학 용어로는 공격자와의 동일시라고 한다.

귀신이 무서워 밤에 밖을 못 나가던 꼬마애가 하루는 깜깜한 밖을 잘 돌아다녔다. 그래서 이제 무섭지 않느냐고 물어보았더니 "이제 무섭지 않다. 내가 귀신이라고 생각하고부터는 무섭지 않다."라고 했다. 이것은 공격자와의 동일시에 대한 좋은 설명이 된다.

나를 괴롭히고 겁먹게 하는 공포의 대상이 있을 때 공포를 느끼게 되는 것은 그 사람과 내가 다르기 때문이다. 그 사람과 내가 차이가 있기 때문에 무섭고 공포심이 생긴다. 이럴 때 공포심, 불안을 없애는 길은 그 사람과 똑같아지는 것이다. 두려운 대상과 동일하게 될 때 거부감도, 공포심도 사라지게 된다.

이러한 과정은 무의식적으로 일어나기 때문에 당사자가 모르는 사이에 닮게 된다. 자기를 괴롭히던 사람과 같이 되면 자기를 괴롭히는 사람이 무섭지 않고 오히려 가깝게 느껴진다. 뿐만 아니라 자기보다 약한 사람을 괴롭히게 된다. 괴롭힘을 당하면서 억눌리고 쌓인 분노를 자기보다 약한 사람에게 표출한다. 그렇게 함으로써 그동안 괴롭힘 당하면서 자존심 상하고, 쌓인 울분을 나름대로 푸는 것이다. 결국 악순환이 일어나는 것이다. 남을 괴롭히는 사람은 과거에 남에게 괴롭힘을 받았던 사람이 많다. 요즘 문제되는 학교 폭력과 왕따 문제는 이런 속성 때문에 되풀이 된다.

우리는 인생을 살아가면서 정도 차이는 있지만 어떤 형태로든 이런 경험을 하게 된다. 이때 자칫 잘못 하면 우리도 모르는 사이에 우리의 좋은 품성을 잃고 나쁜 품성이 우리 속에 자리 잡을 수 있다. 이런 인생의 갈림길에서 주체성을 가지고 의연하게 대처하면 공격자에 대한 불안이나 공포를 없앨 수 있다. 그렇게 해야만 자기를 잃고 공격자와 동일시되어 자기가 또 다른 사람을 괴롭히는 사회적 악순환이 일어나지 않게 될 것이다.

가짜 고민도
힘들다

　진료실을 찾아오는 환자들로부터 자기는 그러고 싶지 않은데 자꾸만 어떤 생각이 떠오르거나 하고 싶지 않은 행동을 자신도 모르게 하게 된다는 하소연을 자주 듣는다.

　어떤 학생은 책을 읽고 있다가 자기 코가 보이면 처음부터 다시 읽어야 된다고 했다. 코가 안 보일 때까지 몇 번이고 반복해서 읽었다. 이 학생은 그런 행동을 하고 싶지 않은데도 자꾸만 그렇게 하고 또 그것 때문에 자기가 최고로 중요하게 생각하는 공부에 지장이 생겨 인생을 망칠 것 같은 절망감에 빠져 있다고 한다.

　독실하게 한 종교를 믿는 정숙한 중년 부인은 종교 모임에만 가면 성적으로 난잡한 장면이 자꾸 떠올라 괴로운데 도저히 그 생각을 떨쳐 버릴 수가 없다고 호소한다.

　이 같은 현상은 꼭 환자에게만 있는 것이 아니라 일반인에게도 쉽게 찾아볼 수 있다. 이를테면 지나치게 자꾸 손이나 몸을 씻는 행동, 물건들을 특정한 위치에 특정한 순서로 정돈하지 않으면 불안해지고 정돈이 되어 있더라도 자꾸만 확인하는 행동, 책을 읽을 때 책 종이가 조금이라도 구겨졌다고 생각되면 그것을 반듯하게 펴는 손놀림을 반복하느라 공부를 할 수 없는 행동 등을 그 예로 들 수 있는데 이것 외에도 많은 예가 있다.

이러한 현상의 특징은 자기의 의사와는 달리 그렇게 하지 않으면 불안하다는 것이다. 그래서 자꾸 반복하게 된다. 증상만 들어 봐서는 도저히 이해가 되지 않는다. 하지 않으려고 결심만 하면 안할 수 있을 것 같은데 일부러 그러는 것처럼 보인다. 겉으로만 봐서는 도저히 알 수가 없다.

그러나 이런 경우 그 사람과의 면담을 통해 그의 인생사(人生史)를 자세히 들여다보면 그 증상의 의미가 드러난다. 이해할 수 없고 이상스럽게만 보이던 증상의 겉껍질이 한 꺼풀 한 꺼풀 벗겨지고 그 본모습이 나타난다. 그러한 증상의 의미나 그 증상이 나타날 수밖에 없는 상황이 밝혀지게 된다. 다음의 두 사례에서 이러한 것을 볼 수 있다.

첫 번째 사례는 고등학교에 다니는 남학생인데 같은 반 아이들 앞에서 눈이 자꾸 돌아갈 것 같아 수업시간에 안절부절 하지 못하고 점심시간에도 같이 식사를 못하여 점점 고립되어 학교생활이 어렵게 되었다.

이 학생은 이러한 증상이 생기기 전 반에서 라이벌이던 학생에게 심한 경쟁의식을 느껴 상대방 아이가 공부를 못하여 성적이 떨어졌으면 하는 생각을 자주 했었다. 그런 마음을 가지는 것이 평소 동양적 군자 생활

을 지향했던 그 학생으로서는 소인배 행동으로 여겨져 도저히 자신을 용납할 수 없었다. 또 그런 마음을 가지는 것이 친구에게 몹쓸 짓을 한다고 생각되어 자기 마음을 받아들일 수 없었다. 그런 갈등의 와중에 자신의 눈이 돌아가는 것을 다른 사람들이 알 것 같다는 증세가 생겨 이제는 그것에만 신경이 쓰였다.

두 번째 사례는 여자 대학생인데 자기 주위의 모든 물건들에 신경이 쓰이고 자꾸 시선이 가게 되어 공부도 할 수 없고 사회활동도 할 수 없다고 호소해 왔다. 그것 때문에 대학생활이 엉망이 되어버렸고, 자기는 남에게 뒤져 있으며 인생의 낙오자라는 생각을 떨칠 수가 없었다는 것이다.

이 사람에게 이러한 증상이 처음으로 나타난 것은 고등학교 3학년 때인데, 처음에는 우연히 들었던 음악 멜로디가 머릿속을 떠나지 않다가 주위 물건들이 신경 쓰이면서부터 음악 멜로디는 머리에서 떠났으나 주위의 사소한 사물에까지 신경이 쓰이는 증상은 지금까지 계속되었다.

이 학생 역시 인생사를 살펴보니 그러한 증상의 의미가 드러났다. 불쌍하고 불행한 어머니를 자기가 잘 모셔 어머니의 인생을 보장해주려고 결심하였다. 그런데 자신이 유일하게 잘하는 것은 공부라서 공부하는 데만 매달렸다. 그 결과 성적은 아주 좋았지만 본인의 몸이 약하여 항상 경쟁자가 의식되었다. 성적은 잘 나왔지만 늘 불안하였다. 그러던 중 노랫가락이 머릿속에 들어와 나가지 않았다. 그것이 나가고 난 뒤에는 주위 사물에 신경이 쓰이게 되어 아무것도 제대로 할 수가 없었다.

가짜 고민은
진짜보다는 덜 괴롭다

앞의 두 사례를 보면 증상이 나타나기 전과 증세 후에 뚜렷하게 드러나는 변화가 있다. 증상이 나타나기 전에 있던 고민과 갈등이 증상의 출현과 함께 자취를 감추어버렸고 증상 걱정만 하고 있다. 마치 그 이전의 고민·괴로움·갈등은 어디론가 사라져버리고 새로운 문제가 나타난 것처럼 보인다. 증상 이전의 고민들은 어디로 갔을까? 마치 그 이전에는 그런 걱정거리가 없었던 것처럼 자신의 이상스런 증상만 걱정한다.

첫 번째 사례 학생의 경우는 친구에 대한 경쟁의식과 죄책감에 시달리다가 주위 사람이 자신의 눈이 돌아가는 것을 알 것 같다는 증세로 전의 갈등을 잊게 되었고, 두 번째 사례의 학생 역시 친구에 대한 경쟁의식과 어머니에 대한 부담이 멜로디나 주위 사물에 신경 쓰이는 것으로 대체되어 버렸다.

증세 이전의 것이 진짜 고민이라면 증세는 가짜 고민이라고 볼 수 있다. 가짜 고민도 힘들긴 하나 진짜보다는 덜 괴롭다. 말하자면 고육지책(苦肉之策)이 된다. 진짜 고민이 사라진 것을 정신과적 용어로는 '억압'이라고 한다. 억압은 무의식적 과정을 거쳐 일어나니까 당사자에게도 왜 그런 현상이 일어났는지 이해가 안 간다.

오래전에 텔레비전에서 본 외화인데 어떤 여학생이 집안 문제로 괴로워하다가 어떤 증상이 생기는 과정을 보여주었다. 아버지와 오빠가 정신 건강이 좋지 않아 집에서 이 두 사람 사이에 항상 큰 소리가 오고 가고 때로는 폭력도 일어났다. 그래서 여학생은 학교에서 아주 쾌활한 아이인데 집에만 오면 말이 없고 인상이 어둡고 힘들어했다. 그러던 어느 날 2층 자기 방으로 가다가 우연히 체중계에 올라갔다. 그러고 난 뒤에는 항상 체중계에 올라가고 다이어트에만 신경을 썼다. 드라마이긴 하지만 진짜 고민과 가짜 고민과의 관계를 잘 나타내준다.

여러분은 가끔 이런 경험을 한 적이 없는지 모르겠다. 어떤 심각하게 골치 아픈 일이 있는데 거기서 벗어날 해결 방법은 전혀 보이지 않고 그 상태는 너무 괴롭고 어떤 벗어날 길이 없을까 하고 골똘히 생각할 때 이러지도 저러지도 못하는 멍한 상태가 되는 것을 경험한 적은 없는지 말이다.

그때 도저히 그 상태를 견딜 수도 감당할 수도 없으면 자기도 모르게 정신 내부에서 대혼란이 일어난다. 그런 후 진짜 고민에 대한 억압이 일어나고 이를 대신하여 이해할 수 없는 이상한 증상이 생기게 된다.

이러한 증상은 현실도피의 결과라고 볼 수 있다. 이에 대한 근본 치료는 자신의 증상에 대한 의미와 속뜻을 깨닫고 원래 가지고 있던 진짜 문제에 직면하여 그것을 해결할 때 가능하다. 또한 이 과정을 거치면 더 성숙한 삶을 살아갈 수 있다. 이 작업은 혼자서는 힘들다. 경험이 많은 전문가와 같이 하는 것이 필요하다.

우리는 흔히 이상스런 증세를 부정적으로만 생각하나 그 증세 속에는 우리에게 무엇인가를 깨닫게 해주는 긍정적인 측면도 같이 있다. 증세를 피하려고만 하지 말고 그 증상의 속뜻을 잘 찾아 진정으로 문제를 해결해야 할 것이다.

자신의 문제를
스스로 진단하는 방법

　자기 분석(Self-Analysis)은 서양의 정신 분석 이론 중의 하나이지만 잘 활용한다면 자기 문제 해결과 자기 성찰에 큰 도움이 될 수 있다.

　정신과 치료는 크게 나누어 약물로 정신적 안정과 신체적 기능의 회복을 가져오는 약물 치료와 정신 분석을 비롯한 여러 가지 정신 치료가 있다. 정신 분석은 모든 정신 치료의 가장 근간이 되는 치료법이다. 환자와 의사와의 깊은 대화를 통하여 환자의 무의식적 갈등을 의식화시킴으로써 증상을 해소시키고 자신에 대한 이해 및 인식의 증대를 통해 인격적인 성숙을 가져다주는 것이다.

　그러나 정신 분석은 비용과 시간이 많이 들고 또 환자가 치료를 받겠다는 강한 동기가 있어야 효과가 있다. 물론 여기에 풍부한 경험과 원숙한 인격을 갖춘 분석가가 필요하다. 그렇기 때문에 실제로 정신 분석을 받을 수 있는 사람은 아주 소수의 사람뿐이다. 그래서 정신 분석의 제약을 줄일 수 있는 정신 치료가 여러 가지 개발되었는데 행동 치료, 단기 치료, 가족 치료, 집단 치료, 사이코드라마 등이 그것이다.

그밖에 스스로 행한다는 점에서 치료적 개념은 아니지만 '자기 분석'이라는 것이 있다. 이것은 자기의 의지나 노력만 있으면 누구나 자기를 분석할 수 있는 큰 장점이 있다. 자기 분석 이론을 처음으로 체계화시킨 사람은 호나이(K.Horney, 1885~1952)인데 호나이는 설리반(H.S. Sullivan, 1892~1949), 에리히 프롬(Erich Fromm, 1900~1980)과 함께 문화학파로 지칭되는 신분석(Neo-Freudian) 학파의 대표적 분석가이다. 호나이는 자신의 자기 분석 체험에 대한 연구를 통해 자기 분석은 가능하다고 강력히 주장하였다.

자기 분석에 대한 호나이의 체계적인 연구가 나오기 전에도 자기 분석이라고 볼 수 있는 것을 행한 실례가 있긴 하다. 예를 들면 정신 분석학의 시조인 프로이트는 자신의 꿈 분석을 통해 자기 분석을 하였고 키에르케고르, 니체도 자기 분석과 유사한 분석을 하였다. 루소의 『참회록』도 일종의 자기 분석이라 볼 수 있다.

자기 분석은 본질적으로 자기가 평소 느끼고 행동하는 이면의 진짜 동기를 밝히고자 하는 노력으로 볼 수 있다. 두통이나 위장 장애, 불안과 같은 특정 증상의 해결에서부터 인격 전반에 걸쳐서 성장을 저해하는 모든 요인을 다 다룬다.

자기 분석을 통해 자신의 문제를 스스로 극복한 경험은 귀중한 체험이 된다. 이것은 마치 기존의 등산로가 아닌, 자기 스스로 찾아낸 길을 통해 산을 정복하는 것과 같다. 이미 알려진 길을 따라 정상에 오르는 것보다 몇 배 힘든 과정을 거치고 설사 결과는 똑같다 할지라도 내적인 성취감과 자신감은 말할 수 없이 크고 자신의 능력에 대한 확신과 긍지는 앞으로 어떠한 역경에 처해도 그것에 당황하지 않고 의연하게 극복해 나갈 내적인 힘을 갖게 한다.

자기 분석을 살펴보면 여기에서는 우선 자신이 환자와 분석자의 역할을 동시에 해야 한다. 먼저 분석자의 역할을 제대로 하기 위해서는 자신이 스스로 자기 자신의 인격을 전체적으로 관찰하여 이해하고 그것을 해석해 보려는 노력이 필요하다. 환자는 가능한 한 충실하고 솔직하게 자기 자신의 마음을 드러내야 되는데 이에는 '자유 연상'이라는 방법을 사용한다.

자유 연상이란 그때그때 마음속에 즉각적이고 순간적으로 떠오르는 생각을 말한다. 자유 연상을 하는 동안에 연상의 흐름에 방해가 안 될 정도의 간단한 기록을 하는 것이 좋다. 그렇게 하면 자신의 생각이나 느낌을 빠트리지 않게 될 뿐 아니라 후에도 그 연상을 면밀히 검토할 수 있다. 자유 연상을 한 다음에는 그 연상 내용이 무엇을 의미하는지 추리하는 과정을 거친다. 이때 잘 모를 때는 덮어두었다가 후에 다시 보면 그 의미를 알게 되는 수도 있다.

이러한 자기 분석의 과정을 거치면 자신에 대해 인식하는데 이는 정서적인 체험으로서 머리로만 이해하는 것이 아니고 가슴으로 느끼는 깨달음이다. 이런 깨달음 후에는 자신에게 문제되었던 장애나 증상이 없어

자기 분석을 통해
자신의 문제를
스스로 극복한 경험은
귀중한 체험이 된다.
‥
이것은 마치
기존의 등산로가
아닌,
‥
자기 스스로 찾아낸
길을 통해
산을 정복하는
것과 같다.
‥

지는 경우가 많고 아울러 긴장이 풀어지고 마음이 편안해짐을 경험하게 된다고 한다. 그리하여 자유 연상을 통해 이루어진 자기 성찰을 바탕으로 하여 부단한 노력을 기울이면 인격에 크나큰 변화가 오게 되는 것이다.

이러한 자기 분석을 하면서 가장 문제가 되고 스스로 끊임없이 경계해야 되는 것이 '저항'이라는, 자기 내부에서 일어나는 분석에 반대하는 강한 힘이다. 이 저항의 정도에 따라 자기 분석의 성패가 좌우된다고 해도 과언이 아니다. 저항이 자신의 마음에서 강렬하게 일어나는 이유는 자신의 현 상태가 비록 만족스럽지는 못하더라도 자기가 처했던 상황에서 최선의 선택이었고 적응책이었기 때문에 그것을 쉽사리 버리거나 바꾸려고 하지 않기 때문이다.

저항이 나타나는 구체적인 양상을 보면 연상이 안 된다든지, 자기 분석을 하기 싫다는 막연한 느낌이 일어나거나 이것을 해서 과연 도움이 되겠나 하고 자기 분석을 해보기도 전에 회의나 의심이 드는 것 등이 있다. 저항의 형태는 여러 가지로 나타나는데 실제 자기 분석을 하면 도움이 되는데 그것을 안 하려고 하는 것이다. 저항의 극복을 위해서는 무엇보다도 저항이 있을 수 있다는 사실 그 자체를 늘 염두에 두어야 한다.

자기 분석, 읽어버린 자신을 찾아가는 과정

호나이가 쓴 『자기 분석』이라는 책에 있는 자기 분석을 통하여 두통을 해결한 실례를 한 가지 소개한다.

마음씨가 착한 사업가 J씨는 결혼한 지 5년차다. 하루는 아내 그리고 두 명의 친구와 함께 연극을 보러갔다. 그런데 공연이 계속되는 동안 J씨는 두통을 느꼈다. 이상했다. 왜냐하면 극장에 가기 전에는 기분이 괜찮았기 때문이다. 처음에는 연극이 재미가 없어서, 저녁 시간을 낭비해서 속이 상했기 때문이라고 생각했다. 하지만 사실 연극이 그리 재미가 없었던 것도 아니고 연극이 재미없다고 두통을 일으킨 경험이 없다는 것을 깨달았다. 물론 그가 좋아했던 조지 버나드 쇼(George Bernard Show)의 연극에 비하면 지금 연극은 아무것도 아니었다.

여기까지 생각했을 때 문득 그때 떠오른 생각, 즉 '내가 좋아했던'이라는 말 한마디가 마음에 떠올랐다. 여기서 그는 순간적인 분노를 느꼈고 이와 연관된 의미를 파악하게 되었다. 그가 사람들과 어떤 연극을 보러갈까 하고 의논을 할 때 그의 의견은 항상 묵살되었던 것이다. 그러나 의식적으로는 이번에 보러가는 연극이 재미있을 것이다 했지만 무의식적으로는 자기가 원하지 않는 연극을 보러가야 되는 것에 대해 깊이 분노하고 있었다. 이러한 깨달음이 있자 두통은 사라졌다. 억압된 분노와 두통 사이의 이러한 연관성을 발견하고서 깜짝 놀랐으나 그 문제에 관하여 그 이상의 생각은 하지 않았다.

그러나 며칠 뒤에 그는 또다시 참을 수 없는 두통을 느끼며 일찍 잠에서 깨어났다. 그는 전날 밤에 그가 소속한 단체의 간부 회의에 참석했다. 회의를 끝내고 사람들과 함께 술을 마셨는데 처음에는 두통의 원인이 과음 때문일 것이라고 나름대로 생각하고 잠을 청하려고 했으나 잠이 오지 않았다.

그의 얼굴 주위를 윙윙거리면서 날아다니는 날벌레가 그를 화나게 했는데 점점 심해져 나중에는 심한 분노로 변했다. 그러면서 좀 전에 꾼 꿈이 생각났다. 종이로 빈대 두 마리를 짓이겨버리는 꿈이었다. 그리고 어렸을 때 모형을 만들었던 종이가 연상이 되었다. 그 종이를 가지고 예쁜 모형을 접어 어머니에게 자랑하려고 보였으나 어머니는 다만 형식적인 관심만을 표시하였다. 그리고 종이는 다시 간부 회의를 생각나게 했다. 회의 중 종이에 낙서를 했는데 그 까닭은 지루했기 때문이었다. 단순히 낙서를 한 것이 아니라 간부 회의의 의장과 자기를 반대하는 사람에 대해 풍자만화 같은 것을 그렸던 것이다.

여기서 '반대하는 사람'이란 말이 떠올랐는데 그 '반대하는 사람'은 평소에 그가 반대하는 사람이라고 생각지 않았던 사람이었다. 간부 회의에서 결의안은 투표에 부쳐져 채택되는데 그는 결의안에 대해 막연히 꺼림칙했으나 확실한 결함을 찾아내지 못했고, 이에 반대되는 의견을 그가 제시하였으나 의장과 반대하는 사람의 방해로 별로 주의를 끌지 못했다. 그래서 그는 패배한 것이다.

이렇게 생각을 진행하다가 꿈에 나타난 빈대의 의미를 깨달았다. - 의장이나 반대하는 사람들은 흡혈동물과 같은 자들이었는데, 빈대만큼이나 싫었다. 그는 또한, 이러한 반대하는 사람들에 대해서와 마찬가지로 빈대를 두려워했던 것이다. - 이제 최소한 꿈에서라도 복수를 한 것이다. 그리고 나서 두통은 다시 사라졌다. 그 후 두통은 다시 찾아오지 않았다.

위에서 J씨는 정신 분석을 받지 않고 스스로 자기 분석을 통해 극적으로 두통을 해결하고 있다.

자기 분석은 정신 분석적인 기법을 사용하여 자기 성찰을 함으로써 자신을 있는 그대로 알아가는 과정이다. 자기 마음의 갈등, 즉 걸림이 있으면 다른 사람과 세상이 제대로 보이지 않고 왜곡되어 보인다. 예를 들면 화가 마음에 가득 찬 사람은 타인과 세상에 대해 화를 가지고 대하게 되고 그것 때문에 상대방의 진정한 모습과 마음을 알기 어렵다. 자기 마음에서 화가 빠져야만 남을 있는 그대로 볼 수 있고 진정한 인간관계를 형성할 수 있다. 따라서 자기 분석은 먼저 자기의 마음을 진정으로 알아서 밝혀내고 그렇게 해서 밝혀진 마음으로 타인의 마음을 있는 그대로 보는 과정이라고 볼 수 있다.

사실 이 과정은 결코 쉬운 일은 아니다. 그렇다고 해서 결코 불가능한 엄청난 일도 아니다. 그때그때 자기 마음을 솔직하게 보고 느끼려는 노력을 하면서 그런 상태를 항상 유지할 수 있다면 가능한 것이다.

점차 정신적인 여유를 잃고 거대한 사회 조직의 부품처럼 전락되어 자기중심과 주체성을 잃고 이리저리 끌려 다니며 정신없이 살아가는 현대인에게, 자기 분석은 잃어버린 자신을 찾을 수 있는 길로 제시될 수 있다.

미리 생각하는 것을
멈추어야 한다

평소 인간관계나 직장생활에 별 문제가 없는데 직장에서 여러 사람 앞에서 발표를 하려면 잘되지 않고 부담이 너무 커서 도움을 받으려고 정신과를 찾아오는 사람이 있다. 이런 문제에 정신과 치료가 도움이 된다는 것이 사람들 사이에서 알려져 있는 모양이다. 그래서 그런지 회사 면접을 앞두고 찾아오기도 하고 공연을 앞두고 찾아오기도 한다.

어떤 사람은 남들 앞에서 발표하려고 생각하면 머릿속이 하얗게 되면서 아무것도 생각이 안 나고 얼굴이 빨개지면서 자기가 무슨 말을 했는지도 기억이 나지 않고 그 자리에 도저히 있기 어렵다고 한다. 남들이 자기를 어떻게 생각할까 하고 생각하면 정말 끔찍하다고 한다. 정말 견디기 힘든 자리라고 한다.

이렇게 발표 불안 때문에 찾아오는 경우 대부분 필요할 때 한두 번 병원을 방문하여 도움을 받지 장기적인 치료를 받으려고 하지 않는다. 그래서 이런 문제를 야기한 성격 문제를 철저히 다루기보다는 이런 문제에서 벗어나려면 어떻게 마음을 먹어야 하는지 가르쳐주고 약을 처방해준다. 이런 문제를 가진 사람에게 그런 상황은 너무나 힘든 것이기 때문에 그 상황을 피하지 않고 넘어가게 도와주는 약을 필요로 한다. 일단 약을 먹어 그 상황을 힘들지 않게 넘어가면서 환자 자신을 바꾸어 나중에는 약의 도움 없이도 그런 상황을 힘들지 않게 넘어가게 한다. 이때 쓰는 약은 불안을 덜어주는 약과 자율신경계에 작용하는 약이다. 불안을 느끼면 자율신경계를 통해 신체 증상이 생긴다. 심장이 뛰거나 땀이 나거나 얼굴이 붉어지기도 한다. 약을 쓰면 효과가 있다. 약을 먹으면 심장이 떨리지 않는다. 떨고 싶어도 떨리지 않는다. 약의 도움을 받아 별 어려움 없이 잘 넘어갈 수 있다. 그래서 발표 때만 되면 찾아오는 사람도 있다. 그러나 발표나 면접, 공연 불안은 약과 자신의 올바른 노력이 다 같이 중요하다.

발표나 면접, 공연 문제가 심한 경우 대인공포증으로 진단을 내리는데 대인공포증이 있는 사람들이 공통적으로 보이는 성격의 특성이 있다. 문제 해결을 위해서는 이런 특징이 변화해야 한다.

첫째, 인정받고 싶은 욕구가 크다.

둘째, 잘 보이고 싶어 한다.

셋째, 자신의 부정적인 면을 감추는 경향이 있다.

넷째, 자존심이 아주 강해 별것도 아닌 일에 쉽게 자존심이 상하고 이를 못견뎌하는 성격이다. 쉽게 느끼는 열등감, 좌절감은 이들의 지나치게 높은 자존심 내지는 이상 때문이다.

　다섯째, 어떤 문제에 대해서 절충을 못하고 극단적인 판단을 하는 경우가 많다.

　여섯째, 자신에 대해 관심이 많고 불안이나 걱정이 해소될 때까지 그 문제에 집착하는 점이다. 작은 신체적 결함에 대해서도 많은 걱정을 하며 정상적인 신체에 대해서도 왜곡 해석하는 경향이 높다.

　일곱째, 좌절감·열등감 속에 고민하고 있지만 결코 포기는 하지 않는 강한 집념이 있다.

　이러한 성향을 고치면 발표 문제가 많이 나아진다.

잘하려고 하면 힘들다

　먼저 발표 문제를 가진 사람들은 자기중심에서 벗어나야 한다. 내가 발표한다는 생각에서 벗어나야 한다. 이 발표를 통해 나 자신을 알린다는 생각에서 벗어나야 한다. 발표를 잘해서 사람들에게 인정받고 회사에서 잘 나가는 기반을 닦는다는 생각을 하지 않아야 한다. 이런 생각을 가지고 발표를 하는데 뭔가 잘 돌아가지 않는 조짐이 감지되면 떨린다. 이런 생각보다는 회사를 위해 누군가는 발표를 해야 하는데 그것을 내가 맡았다고 생각해야 한다. 그래서 같이 나눈다는 생각을 해야 한다. 사람들과 같이 논의할 자료를 잘 만들어야 그것을 가지고 같이 잘 의논해서 좋은 아이디어나 작품을 만들 수 있다. 이 주제에 대해서는 발표하는 내가 가장 잘 아는 것이다. 자신을 가지되, 부담을 느껴서는 안 된다. 이 주제를 준비하면서 '이것은 알겠고 이것은 잘 모르겠더라' 하면서 이것에 대해 같이 생각해보자고 이야기하면 된다.

있는 그대로 하려고 노력해야 한다. 잘하려고 하면 힘들다. 숨기지 않아야 한다. 누가 질문할 때 그것에 다 대답해야 한다는 부담을 내려놓아야 한다. 질문은 어떤 질문이든 소중하다. 내 발표를 듣고 질문이 나왔다면 성공이다. 내 발표가 듣는 사람 마음속에 의문이 들게 했으니 성공이다. 그것에 대해 내가 아는 대로 답하면 되는 것이다. 내 대답을 듣고 질문을 한 사람은 자기가 가진 의문이 어떤 성격인지 이해를 한다. 그것으로 충분하다.

발표를 한다는 것은 다른 사람보다 그 문제를 많이 찾아보고 공부하는 기회를 갖는다는 것이다. 나에게 도움이 된다. 그것을 통해 그 부문은 내가 많이 알게 된다. 그런 기회가 나에게 주어진 것이다. 그것을 즐기려고 노력해야 한다.

사실 발표를 수월하게 하려면 발표를 듣는 사람과 평소에 인간관계가 좋아야 한다. 서로 통해야 발표를 할 때 호응도 좋고 내 편에서 실수를 해도 이해를 해주겠지 하는 생각을 할 수 있다. 평소에 안 친한 사람이나 인간관계가 안 좋은 사람 앞에서 이야기하면 왠지 부담이 된다. 그래서 발표를 위해서 평소 사람들과 통하는 노력을 하는 것이 발표에 도움이 된다. 그러면 어색하지 않은 분위기 속에서 같이 나눌 수 있게 된다.

그리고 지금까지의 이야기에 추가할 것은 실제로 발표가 있기 전까지는 발표에 대해 생각하지 않는 훈련을 해야 한다. 발표 불안이나 대인공포증은 예기불안이 크다. 실제로 일어나지 않았는데 미리 예상을 해서 그 상황에 들어가는 것이다. 그 상황이 머릿속에 떠오를 때는 그것은 머릿속에서는 실제 상황이 된다. 그렇게 되면 신경전달물질에 변화가 오고 신체 증상이 생기고 심리적으로 불안해진다. 이것이 우리를 불안정하게 한다. 이런 예기불안이 실제 상황에서도 우리의 불안을 증폭시키는 역할을 한다. 실제 일어나지 않은 일을 미리 생각하는 것은 그 상황에 대처하는데 도움을 주기보다는 상황을 더 악화시킬 뿐이다. 미리 생각하는 것을 멈추어야 한다.

불안한 생각이
계속 떠오를 때

강박증은 환자의 의지와 관계없이 불안한 생각이 계속 떠오르는 정신 장애다. 떠오르는 불안한 생각이 불합리하고 현실성이 없다는 것을 알지만 생각이 떠오르는 그 순간에는 그것이 사실처럼 느껴진다. 그래서 굉장히 불안하다. 강박증의 정도는 환자마다 다르다. 정도가 심한 사람은 정신병이 아닌가 할 정도로 이상한 생각이 떠오른다. 정신병은 그것이 사실인 줄 알지만 강박증은 그것이 사실이 아닌 줄은 안다. 그렇지만 그 생각을 할 당시는 혹시 그것이 사실이면 어떻게 하나 하며 굉장히 불안해한다.

나에게 치료를 받고 있는 강박증 환자도 심한 강박적 사고가 있었다. 다른 사람과 같이 엘리베이터를 같이 타고 내리면 그 사람을 때린 것 같은 생각이 자꾸 들었다. 누구를 만났다가 헤어지면 그 사람에게 욕을 한 것 같은 생각이 자꾸 들었다. 길거리에서 누구랑 마주치고 난 뒤 회사에 출

근하면 내가 그 사람을 죽인 것 같은 생각이 들면서 그렇게 했으면 큰일이라는 생각이 계속 들었다.

　이 환자의 경우 강박증이 심했기 때문에 정신병에 쓰는 약을 썼다. 그러면서 생각을 다스리는 방법을 가르쳐주었다. 강박적 사고도 생각의 일종이다. 어떤 생각이 나더라도 그 생각을 다스리는 방법을 터득하면 강박적 사고도 다스리는 데 도움이 될 수 있다. 물론 강박적 사고는 그 내용이 불안한 내용이기 때문에 다스리기가 어렵다. 안심이 될 때까지 계속 생각을 한다. 강박증 치료에서 가장 필요한 것은 불안하고 찝찝하더라도 내가 해야 할 일을 하는 훈련을 하는 것이다. 강박증 환자들은 안심이 될 때까지는 아무 일도 못한다. 그래서 계속 생각을 한다. 멈추는 훈련을 해야 한다. 그런 마음이 되기까지 시간이 많이 걸린다. 우리도 걱정거리가 있으면 자꾸 생각이 나고 걱정거리가 해결될 때까지 걱정거리에 대한 생각을 떨치기 어렵다. 걱정거리가 있더라도 놔두고 살아가는 훈련을 해야 한다. 그러면 강박증은 예방이 된다. 강박적 사고는 떨치기 어려운 생각이다. 그런 만큼 생각을 다스리는 훈련을 철저히 해야 한다.

　먼저 이 환자에게 마음의 속성을 설명해주었다. 마음은 언제나 어딘가에 가있다는 것, 그래서 가있는 곳의 영향을 받는다는 것을 말해주었다. 불안한 내용에 마음이 가 있으면, 다시 말해 불안한 생각을 하면 불안할 수밖에 없다는 것을 설명했다. 마음이 한 번에 한 곳을 간다는 사실은 중요하다. 한 대상에만 간다는 것이 강박적 사고에서 벗어날 수 있는 길을 제시해준다. 마음이 한 번에 한 대상에만 가니 마음을 다른 곳에 갖다

놓으면 강박증적인 생각을 안 할 수 있다. 그리고 마음은 어느 쪽으로 자꾸 가면 길이 난다. 강박증적인 생각이 나면 머리에 불이 붙은 것처럼 멈추어야 하는 이유가 여기에 있다. 강박증적인 생각을 한 번 하면 한 번 한 만큼 또 할 수 있으니 안하는 것이 중요하다. 이것이 굉장히 중요한 사실이다. 우리는 문제가 있으면 그것을 풀려고 자꾸 생각을 한다. 현실적인 문제는 그렇게 해서 풀 수 있다. 그러나 정신적인 문제는 해결하는 방법을 달리 해야 한다. 불안한 생각이 나면 자꾸 하게 되는데 그러면 다음에 더 떠오른다. 멈추어야 한다. 이것을 아는 것이 정신적인 문제의 해결에 매우 중요하다. 이 환자는 생각을 왜 멈추어야 하는지 이해했다. 생각하면 할수록 악순환 되는 것을 이해했다. 물론 그 생각이 들 때 그 생각에 빠져들지 않기란 어렵다. 불안한 생각이 떠오를 때 생각을 멈추기는 힘들지만 멈추는 것을 시도해볼 수 있다. 최대한 적게 생각하려고 노력할 수 있다. 생각을 자꾸 하는 사람은 그렇게 하는 것이 도움이 된다고 의식적이든 무의식적이든 생각하기 때문이다.

    늪에 빠진 사람이 할 수 있는 최선은 가만히 있는 것이라고 한다. 힘을 빼는 것이 더 가라앉지 않는 길이라고 한다. 체표 면적을 최대한 크게 하는 것이 적게 가라앉는 길이라고 한다. 그러려면 대(大)자로 팔다리를 벌리고 편안히 누워있으면서 구해주러 올 사람을 기다리는 것이 그때 할 수 있는 최선이라고 어느 책에서 봤다. 강박적인 생각이 들 때도 그 생각을 멈추는 것이 가장 최선이다.

마음은 언제나
한 곳으로만 갈 수 있다

앞의 환자는 구체적으로 멈추는 방법에 대해 관심을 가지고 배웠다. 처음에는 잘 안 되었지만 점점 생각을 멈추는 데 배운 방법들을 이용했다. 환자가 생각을 멈출 수 있도록 도와주기 위해 가르쳐준 방법은 불교나 명상에서 온 것이다. 크게 세 가지다. 하나는 기본적으로 현재에 집중함으로써 마음이 딴 생각으로 가지 못하게 하는 방법이었다. 가능하면 아침에 일어나서 잠잘 때까지 뭘 하든 하는 일에 집중하면 불안한 생각이 적게 떠오르고 설사 불안한 생각이 나도 알아차리고 현재 하는 일로 돌아오라고 했다. 이렇게 자꾸 하면 현재에 집중하는 것이 한 만큼 쉬워진다고 했다. 이쪽으로 길이 나기 때문이다. 강박증으로 난 길을 줄이고 정신 건강으로 가는 새 길을 내고 있는 것이다.

두 번째로 환자에게 가르쳐준 것은 붓다가 제자들에게 가르쳐준 '생각을 중지하는 다섯 가지 방법'이다.(『생각중지의 경』 맛지마니까야 제1권 403~410쪽, 전재성 번역, 한국빠알리성전협회) 환자가 알아들을 수 있게 쉽게 가르쳐주었다. 이 방법은 불교 경전에 나오는 데 내용은 다음과 같다. 우리가 어떤 생각을 하면 화가 나거나 욕심이 생기거나 두려워지거나 어리석어질 때 첫 번째로 해야 하는 것은 마음을 건전한 다른 대상으로 향하게 하는 것이다. 그러면 우리 마음이 안정이 되고 차분해지고 고요해진다. 예를 들어보면 예쁜 여자를 생각할 때 성적인 욕망이 생기면 어머니를 생각하는 것이다. 그러면 예쁜 여자로 인한 성적인 욕망이 사라진다.

이 방법을 써도 계속 화가 나거나 욕심이 생기거나 두려워지거나 어리석어지면 두 번째 방법을 쓴다. 두 번째 방법은 위의 생각이 가지는 위험을 본다. '이러한 생각은 나에게 도움이 되지 않는다. 이러한 생각은 나에게 고통을 준다.' 그래서 그 생각을 싫어하는 마음이 생겨 그 생각을 버리게 된다.

그래도 계속 그 생각이 나면 세 번째 방법으로 그 생각에 마음을 두지 말고 주의도 기울이지 않는다. 현재 하는 일에 집중한다. 그러면 그 생각이 사라진다. 그래도 그 생각이 계속 나면 네 번째 방법으로 그러한 생각을 일으키는 동력을 중지시키는 쪽으로 주의를 기울인다. 이 방법에 대해 붓다는 다음과 같이 말하고 있다. "비구들이여, 이것은 마치 어떤 사람이 빨리 걸어가다가 '내가 왜 이렇게 빨리 걸어가지. 천천히 걸어 가보자'라고 생각하여 천천히 걸어간다. 그러다가 또 '내가 왜 이렇게 천천히 걸어가지. 서보자' 하여 선다. 그러다가 또 '내가 왜 서 있지. 앉자' 하며 앉는다. 그러다가 또 '내가 왜 앉아 있지. 눕자' 하며 눕는다." 이처럼 '지금 내가 왜 이 생각하지. 하지 말자' 하며 그 생각을 그냥 놓아버리는 것이다.

이래도 안 되면 마지막으로 이빨과 이빨을 붙이고 혀를 입천장에 대고 마음으로 마음을 항복시키고 제압해서 없애버린다. 앞에서 말한 네 가지 방법으로 안 될 때는 이 생각을 내 마음에서 꼭 몰아내겠다는 굳건한 의지를 가지고 마음에서 몰아내는 것이다. 지금까지도 의지를 내서 여러 방법들을 썼지만 이제는 사생결단을 내는 마음으로 그 생각을 내 마음에서 몰아내는 것이다. 어떤 생각을 할 때 내 속에서 안 좋은 것이 생기면 그 생각을 나를 파괴하는 적으로 보고 그 적을 내 모든 의지를 발동하여 섬멸하는 것이다. 그것과의 전쟁을 벌이는 것이다.

내가 앞의 환자에게 세 번째로 가르쳐준 것은 호흡에 집중하는 것이다. 주로 혼자 있을 때 호흡이 들락날락하는 것을 관찰하라고 일러주었다. 호흡을 지켜보면 마음이 안정되고 편안해진다. 호흡에 집중하는 순간에는 마음이 다른 곳에 갈 수 없다. 그래서 붓다는 호흡을 지켜보는 수행은 생각을 없애는 데 좋다고 했다. 생각이 많은 사람이 호흡을 지켜보는 수행을 하면 생각이 많이 줄어든다.

환자는 강박증 증세가 심했지만 약도 쓰고 내가 가르쳐준 명상을 통해 많이 안정이 되어 직장생활도 잘하고 편안하게 생활을 하고 있다. 강박증적인 생각을 조절할 수 있다고 했다. 내가 가르쳐준 생각을 다스리는 다섯 가지 방법을 지갑에 넣고 다니면서 본다고 했다. 호흡을 지켜보면 생각이 놓아지면서 편안해진다고 했다.

사실 생각은 우리가 하는 것이 아니다. 어떤 조건이 되면 하는 것이다. 강박증은 생각이 많이 올라올 수 있는 조건이 된 것이다. 다시 올바른 방법을 통해 생각이 적게 올라오게 하면 적게 올라온다. 그리고 생각이 올라올 때 바로 다스릴 수 있게 훈련이 되면 생각이 오래 마음속에 자리를 잡을 수 없다. 강박증은 쉽게 치료되지 않는 정신적인 문제이지만 생각을 다스리는 올바른 방법으로 꾸준히 노력하면 강박증의 고통에서 벗어날 수 있다.

자신을 믿지 말라, 몸과 마음은 내 것이 아니다

　정신과 의사로서 수많은 환자를 만나봤지만 특히 치료가 힘든 경우를 말해 보라면 의처증·의부증과 알코올 중독을 꼽는다. 치료가 용이하냐 아니냐를 떠나 이 두 가지 문제는 환자도 힘들게 하지만 가족을 비롯한 주위 사람들도 무척 힘들게 하기 때문이다. 의처증이나 의부증은 다른 장에서 다루니 이 장에서는 알코올 중독 문제에 대해 이야기해 보겠다.

　알코올 중독은 좀 심하게 말하면 술이 알코올 중독이 있는 사람을 접수한 상태다. 그래서 술이 시키는 대로 하는 상태다. 사실 본질적으로 보면 우리의 몸과 마음은 우리 것이 아니다. 우리 마음대로 되는 것이 아니다. 단지 우리가 잘 살아갈 때는 잘 살아갈 수 있는 조건이 되어있는 것이다. 알코올 중독은 술이 우리를 지배하는 상태다. 알코올 중독에서 벗어나려면 술이 지배 상태를 멈추고 철수해야 한다. 그 상태를 만들어야 알코올 중독에서 벗어난다.

우리 문화는 술에 대해 비교적 관대하다. 무엇이 알코올 중독인지 그 정의부터 확실히 해야 술 문제가 있을 때 신속하고 단호하게 대처할 수 있다.

미국의학협회에서는 알코올 중독을 다음과 같이 정의하고 있다. "보통 사람과는 차이가 나는 음주 형태를 가지고 있고, 음주가 시작되면 대개 중독 상태가 돼야 끝나며, 만성적이고 진행적이고 재발되는 경향을 가지고 있고, 지속적이고 과도한 음주로 인해 전형적인 신체장애, 정신장애, 직업장애, 사회 부적응 등이 수반된다."

이것은 알코올 중독에 대한 정신의학적 정의다. 쉽게 말해서 중독은 술을 포함해서 내가 안 하고 싶거나 해서는 안 되는 데 어쩔 수 없이 계속하게 되는 상태를 일컫는다고 보면 된다.

우리가 자가 진단할 수 있는 실질적인 알코올 중독 체크 리스트가 있어 소개한다. 보고 얼마나 해당되는지 체크해보면 도움이 된다. 미국의 어느 대학에서 사용하는 알코올 중독 자가 진단용 체크 리스트다. 모두 스무 가지 항목으로 되어 있는데 최근 6개월 간 네 가지 이상 해당되면 알코올 중독 가능성이 높으므로 전문의와 상의해야 한다.

---

1. 근무시간에 술을 마신 경험이 있는가?
2. 술로 인해 가정생활이 불행해졌는가?
3. 대인 관계에 있어서 부끄러움을 없애기 위해 술을 마시는가?

4. 술로 인해 명예에 손상을 입었나?
5. 음주 후 후회한 적이 있나?
6. 음주 결과로 경제적 곤란을 받았나?
7. 자기보다 못한 사람과 같이 술을 마시면 우월감을 느끼는가?
8. 술 때문에 가정생활을 소홀히 하는가?
9. 술을 시작한 후 의욕이 줄어들었는가?
10. 매일 어느 특정한 시간에 한 잔 생각이 간절한가?
11. 해장술을 꼭 해야 하는가?
12. 술 때문에 잠을 잘 못 자는가?
13. 술 때문에 능률이 떨어졌는가?
14. 술 때문에 직장이나 사업에 지장이 있는가?
15. 걱정거리나 문제를 잊기 위해 술을 마시는가?
16. 혼자서도 술을 마시는가?
17. 음주 결과로 기억을 상실한 적이 있는가?
18. 술 때문에 병원 치료를 받은 적이 있는가?
19. 자신감을 갖기 위해 한 잔 하는가?
20. 술 때문에 병원, 요양원에 입원한 적이 있는가?

우선 자신의 상태를 정확히 알아야 한다. 술 문제가 있는 사람은 자신의 문제를 외면하는 경향이 있다. 술로 인해 내 인생이 어떻게 되고 있

는지 알아야 한다. 가족이 얼마나 힘든지 알아야 한다. 현실을 직시해야 한다. 다시 말해 술로 인해 나와 내 가족에게 무슨 일이 벌어지고 있는지 똑바로 봐야 한다. 눈 감고 보지 않는 일이 있어서는 안 된다. 가장 좋은 것은 집에 CCTV를 설치하는 것이다. 도둑 감시하듯이 CCTV를 매일 보며 자기가 어떻게 하고 있고 가족이 어떻게 생활하는지를 있는 그대로 보는 것이 좋다. 알코올 중독증이 있으면 완전한 금주를 목표로 해야 한다. 조금이라도 마신다면 항상 불씨가 있다. 내 자신을 믿지 말아야 한다. 몸과 마음은 내 것이 아니다. 몸과 마음은 조건에 따라 움직인다. 술 마시고 싶은 생각을 내 생각이라고 보지 말고 내 속의 번뇌 또는 적이라고 봐야 한다. 술이 나를 접수해 통치하고 있다고 생각해서 적인 술로부터 해방되어 자유를 찾아야 된다고 생각해야 한다. 어떻게 술과 싸워 이길 수 있는지 지혜롭게 길을 찾아야 한다. 내 의지로 술을 끊을 수 있다는 생각이 들면 잘못 생각한다고 생각해야 한다. 그러한 생각도 하나의 생각에 불과할 뿐 정말 그렇게 되려면 그렇게 될 수 있는 조건(시스템)을 구축해야 한다.

좋은데 참으면 폭발한다

자신이 술을 이길 때까지는 자신을 술로부터 보호해야 한다. 자신은 아주 약하고 술은 아주 강한 존재다. 그래서 술을 만나면 자신이 파괴될 수 있다. 술로부터 도망을 가야 한다. 어떤 알코올 중독자는 술집에서 자신을 테스트한다고 하는데 술집에 있다는 것은 자신에 대해 무지하거나 술에 대한 미련이 있는 경우다. 술집에 있으면 어떤 경우든 술로 인한 위험에 빠지게 된다.

　술로부터 도망을 쳐야 하는데 이때 술은 두 종류다. 하나는 실제적인 술이고 나머지 하나는 내 머릿속에 들어있는 술이다. 먼저 실제적인 술인 술병이나 술집을 보면 도망을 쳐야 한다. 어디를 가는데 술집이 보이면 다른 쪽으로 해서 가야 한다. 집에 술이 있으면 갖다버려야 한다. 갖다버릴 때도 가족이 있으면 그 사람을 시켜서 버리는 것이 좋다. 만지면 그 순간에 딴 생각이 들 수 있다. 술을 사지 않아야 한다. 눈에 보이더라도 보지 않아야 한다. 우연히 봤다면 그 뒤는 다시 보지 않아야 한다. 소리도 듣지 않는 것이 좋다. 이렇게 실제적인 술에서 도망을 잘 치면 이제는 내 머릿속에 든 술과 관계된 기억이나 술친구 전화, 술과 관계된 책, 잡지로부터 도망을 가야 한다. 술친구가 전화를 하면 받지 않아야 한다. 술친구 전화번호는 지워버려야 한다. 술 생각이 나면 그 즉시 중단해야 한다. 술이 내 속에서 발을 붙이지 못하도록 해야 한다. 내가 술과 싸워서 이길 수 있을 때까지는 술과 마주치는 것을 막아야 한다.

　아주 불가피하게 술을 마셔야 할 경우는 원칙을 정한다. 소주 네 잔 이상은 안 마신다든지 2차는 가지 않는다든지 하는 원칙을 세운다. 원칙이 있으면 동요되지 않고 원칙대로 할 수 있다. 소위 말하는 '필름이 끊기는' 사람은 어떤 조건에서 필름이 끊기는지를 잘 봐서 그 전에 술을 중단해야 한다. 필름이 끊기면 위험 신호가 온 것이다. 술을 조심해야 한다.

보호 장치를 해야 한다. 술자리에서 나를 컨트롤해 줄 사람을 만들어야 한다. 어딜 가든 그런 사람을 만들어야 한다. 내가 유혹에 빠지거나 잘못 생각할 때 바로 잡아줄 사람을 주위에 두어야 한다.

술과의 싸움에서 무엇보다 중요한 것은 술보다 더 재미있는 것을 찾는 것이다. 술 문제가 있는 사람들을 보면 술 말고는 다른 취미나 재미가 없는 경우가 대부분이다. 술 마시는 것이 제일 좋은데 억지로 참으면 언젠가는 문제가 생긴다. 술 마시는 것이 손해라는 생각을 해야 한다. 이 생각을 절실히 해야 한다. 도박 중독도 도박을 하는 것이 나에게 손해라는 것을 절실히 알면 끊을 수 있다. 도박을 해서 돈을 따도 손해라는 것을 알면 도박을 안 하게 된다. 사실이 그렇다. 도박을 해서 돈을 잃으면 아주 손해다. 그러나 돈을 따도 손해다. 시간 버린 것, 건강 해친 것, 정신에 나쁜 영향 준 것, 가족들에게 정신적인 고통 준 것, 나에 대한 평판, 신용, 돈을 따도 도박을 하는 한 언제나 위험이 있다는 것, 이 모든 것을 생각하면 돈을 따도 손해다. 이처럼 술을 마시는 것이 나에게 정말 크게 손해되는 일이 된다는 것을 알면 술을 끊을 수 있다. 술을 끊기 위해 길을 찾을 수 있다. 술 마시는 것이 너무 싫어야 한다. 술 아닌 다른 것을 하는 것이 너무 재미있어야 한다. 그래야 술을 끊을 수 있다.

술을 끊는 과정에서 정신과적인 도움을 받으면 술과의 싸움을 수월하게 할 수 있다. 술을 마시던 사람이 술을 끊으면 마음이 안정이 안 되고 수면장애가 생길 수 있다. 항불안제나 수면제의 도움으로 어려운 고비를

넘길 수 있다. 우울한 경우도 많은데 항우울제가 도움이 되기도 한다. 술 마시고 싶은 마음을 줄여주는 약도 개발이 되어 있어 도움이 되기도 한다. 술로 인해 영양결핍이 되면 비타민제가 필요하기도 하다. 술에 완전히 정복당하여 도저히 술을 안 마실 수 없을 때는 입원 치료를 해야 한다. 입원을 해서 술을 끊고 난 뒤 술과의 싸움을 차근차근 해야 한다.

마음을
치료하기 위한 조건

　　가장 대표적인 정신병으로 언급되는 게 정신분열증, 조울증, 편집증이다. 정신분열증은 정신과를 대표하는 병이라고 할 정도로 널리 알려진 병이다. 망상과 환각이 있는 병이다. 조울증은 조증과 우울증이 주기적으로 오는 병이다. 조증이 되면 정신적인 에너지가 극도로 상승되어 기분이 지나치게 좋고, 과대망상이 있고, 때로는 폭력적이 되기도 한다. 편집증은 의처증과 의부증이 대표적이다. 정신병은 현실이 망상으로 대체된 상태이기 때문에 정상적인 사회생활이나 직장생활이 어렵다. 편집증의 경우에는 망상이 배우자에 국한되기 때문에 직장생활이나 사회생활이 가능하긴 하나 배우자가 너무 힘들다. 정신병은 뇌 속의 신경전달물질에 급격한 변화가 있는 상태이기 때문에 신경전달물질을 다스려주는 약물치료가 꼭 필요하다. 정신병 상태에서는 치료적인 대화가 안 되는 경우가 많기 때문에 약물을 통해 정신을 안정시키는 것이 무엇보다 필요하다. 정신병은 치료를 철저히 해야 한다. 때를 놓치면 만성이 될 수 있다. 정신병 치료에 있어서 약물의 역할이 아주 크긴 하지만 약물로써 어느 정도 안정이 되고 나면 정신 치료를 하는 것이 꼭 필요하다. 그리고 가족 치료나 가족 교육이 또 필요하다. 약물치료와 정신 치료 그리고 가족 치료 이 셋이 치료 시작부터 치료가 다 될 때까지 일사분란하게 지속될 때 경과가 가장 좋다.

그런데 전문가들 사이에도 정신병에는 약물치료만 하면 된다는 인식이 퍼져있다. 심지어는 정신 치료는 필요 없다고 생각하기도 한다. 나는 정신 치료를 하는 정신과 의사로서 내 경험상 정신 치료가 다른 어떤 정신장애보다도 정신병에 필요하다고 생각한다. 왜냐하면 정신병은 아주 심한 정신 장애이기 때문에 환자 자신이 자신의 병이 왜 생겼고 어떻게 치료해야 하고 재발하지 않으려면 어떻게 해야 하는지를 알아야 하는데 약물치료만으로는 그렇게 되기 어렵다. 정신 치료를 통해서 치료자와 충분한 시간을 가지면서 그러한 작업을 해야 한다. 정신병 환자는 그것이 꼭 필요하다. 정신병은 현실을 제대로 보기 어렵기 때문에 자신의 병에 대해서도 바로 알기 어렵다. 약물만으로는 생활을 제대로 하기 어렵다. 환자들이 실제 현실을 제대로 볼 수 있게 환자와 시간을 충분히 가져야 한다. 정신병 환자들은 신경전달물질의 영향으로 실제 현실이 병적으로 왜곡되어 지각되기 때문에 실제 현실을 제대로 보기 어렵다. 치료자의 도움으로 실제 현실을 볼 수 있도록 되어야 한다.

자신이 바뀌면
외부 세계가 다르게 지각된다

정신병에는 정신 치료가 꼭 필요한데도 전문가들조차 소홀히 하는 것은 프로이트 시대의 영향도 있다. 프로이트가 활동하던 시절에는 약물이 개발되지 않았다. 약물로써 안정이 되지 않으면 정신 치료는 어렵다. 그래서 정신병은 정신 분석의 대상이 아니라고 생각했다. 정신병에 쓰는 약이 개발되고 정신 분석에서도 정신병에 대한 연구가 많이 되어 정신병을 정신 분석적으로 치료 할 수 있는데도 정신과 의사들 사이에 정신병의 치료에는 약물치료가 중요하지 정신 치료는 크게 도움이 되지 않는다는 인식이 있다. 물론 정신병에는 약물치료가 중요하다. 약물치료의 토대 위에서 정신 치료를 할 수 있다. 그리고 정신병 환자들 숫자에 비해 정신 치료를 할 수 있는 전문가의 숫자는 턱없이 부족하여 정신 치료를 전공하지 않은 정신과 의사들이 대부분의 정신병 환자들을 치료할 수밖에 없는 실정이라 정신병 치료가 약물 중심으로 되었다.

정신병은 신경전달물질에 큰 변화가 있기 때문에 신경전달물질에 상응하는 약물치료를 철저히 하면서 정신 치료를 통해 병난 원인을 환자가 자각하여 현재 정신병을 어떻게 다스려나가야 하는지를 알고, 어떤 점이 보강이 되어야 병이 낫고 재발이 안 되는지 알아야 한다. 그리고 좀 안 좋을 때는 어떻게 해야 하는지를 알아야 한다. 순간순간 정신이 건강하려면 어떻게 해야 하고 정신이 안 좋아지면 뇌에서 어떤 변화가 일어난다는 것을 알아야 한다. 망상과 환각 같은 정신병적인 현상이 뇌의 신경전달물질과 관련되어 일어나는 현상이라는 것을 알아야 한다. 정신병 환자들이 경험하는 망상이나 환청, 환시와 같은 현상은 환자들이 그렇게 생각하는 것이 아니라 실제로 그렇게 보이고 그렇게 들리고 느껴진다. 우리가 현실을 지각하는 것과 똑같이 그들에게는 병적인 것이 생생하게 지각된다. 똑같은 공간에서 다른 사람과 다른 지각이 일어난다. 내가 치료했던 여대생은 영어 학원을 다니는데 영어 학원에 있는 사람들이 자기 들으라고 기침을 심하게 해서 수업에 지장이 많고 학원 가기가 싫다고 했다. 자세히 들어보니 실제가 아니라 환청인 것 같았다. 그래서 상담을 학원에서 하기로 하고 영어 학원에서 만나 한 시간 수업을 같이 들었다. 환자와 같은 시간, 같은 공간에 있었다. 나에게는 기침 하는 소리가 하나도 들리지 않았다. 한 시간 수업이 끝나고 복도에서 만났는데 "원장님 시끄러웠지요?" 하고 당연하다는 듯이 말했다. "아니. 나에게는 기침 소리가 안 들리던데."라고 대답하니 이상하다는 표정을 지었다. 그렇지만 환자는 나를 믿으니 뭔가 이상한 현상이 자신에게 있었구나 하고 생각했을 것이다.

    환자들에게 지각되는 현상은 분명히 있지만 뇌의 신경전달물질에 변화가 오면 그런 현상이 일어난다는 것을 환자들이 이해해야 한다. 그래야 그것이 실제 현실에서 일어나는 것이 아니라 뇌의 변화로 인해 그런 현상이 일어난다는 것을 안다. 마치 우리가 감기가 걸려 체온이 39도가 되면 체온이 36도인 사람은 춥지 않은데 덜덜 떨릴 정도로 추운 것과 같다. 내가 아는 정신과 의사는 머리에 종양이 있어 정신적인 문제가 생겼는데 실제 현실이 그런 것처럼 느껴지더라고 하면서 그 체험을 통해 환자를 잘 이해하게 되었다고 하였다.

정신병 환자는 자신이 바뀌면 외부 세계가 다르게 지각될 수 있다는 사실을 아는 것이 병 치료에 가장 중요하다. 내가 치료하는 정신병 환자는 나에게 정신 치료를 받기 전에는 약물치료만 받았다. 그때 약물치료로 인해 망상이 많이 치료되었는데, 그런 사실도 병적으로 받아들였다고 나에게 이야기했다. 의사가 외부 세력의 조종을 받아 자신을 약물치료 하고 있다고 생각했다. 약물을 썼을 때 오는 변화도 외부 세력의 조종 아래 의도적으로 일으킨다고 생각했다고 나에게 이야기했다. 이 환자는 정신병에 정신 치료(상담 치료)가 꼭 필요하다는 것을 경험을 통해 잘 알고 있다. 환자와 심도 있는 대화를 통해 환자가 어떤 상태 속에 있는지 왜 그렇게 되었는지를 같이 나눌 경험 있는 치료자가 필요하다. 그 역할을 할 사람이 정신 치료자이다. 나는 정신병 환자에게 정신 치료를 한다. 환자의 상태에 맞는 약을 쓰면서 정신 치료를 한다. 정신 치료를 통해 환자가 자기 문제를 이해하고 올바른 노력을 해서 상태가 나아지면 나아진 만큼 약을 신중하게 줄여간다. 정신병의 경우에는 약을 신중하게 줄이는 것이 좋다. 순간순간 정신 건강에 도움이 되는 쪽으로 하고 있는지 면밀히 보고 있어야 한다. 그것을 환자와 같이 의논해야 한다. 좋아지기 위해 서둘러서도 안 되고 해야 할 노력을 게을리 해서도 안 된다. 치료자와 환자가 호흡을 잘 맞추어야 한다.

환자가 스스로 노력을 많이 해야 한다. 환자의 노력이 가장 중요하다는 이야기를 나는 강조하는 편이다. 사실 일주일에 한 번 치료 시간을 가진다면 치료자와 보내는 시간은 환자가 혼자 보내는 시간보다 훨씬 적다. 환자가 혼자 보내는 많은 시간을 어떻게 보내느냐에 따라 환자의 상태가 달라진다. 모든 정신적인 문제가 다 그렇지만 특히 정신병은 환자의 노력에 따라 병의 경과가 천지 차이다. 정상인처럼 결혼 생활도 잘하고 직장 생활도 잘하는 사람이 있는 반면 폐인처럼 된 사람도 있다. 그 점을 환자에게 강조한다. 그렇다고 환자는 혼자가 아니다. 치료자가 있다. 치료자와 더불어 가면 된다. 나는 환자들에게 김연아 이야기를 가끔 한다. 김연아가 자질이 뛰어난 선수이긴 하지만 혼자서 세계 제일이 된 것은 아니다. 코치가 있어서 그렇게 된 것처럼 정신과 치료도 환자와 치료자가 힘을 합쳐서 정신 건강을 회복하는 것이라고 말한다. 사실 그렇다. 세상 모든 일은 혼자서 되는 일이 없다. 같이 하는 것이다. 같이 하면 된다.

정신병은 회복까지 시간이 많이 걸린다. 그런 만큼 환자와 환자 가족이 잘 할 수 있도록 치료자가 도와주어야 한다. 치료에 장애물이 생기면 극복해 나가야 한다. 환자, 환자 가족, 치료자가 방심하지 않고 최선을 다하면 좋은 결과가 있다.

3부‥ 마음을‥ 보다‥

지나간 일에 대한 갈등이 없다면
정신이 건강한 사람

    정신 건강에는 여유만큼 좋은 것이 없다. 물론 여유를 갖는다는 것이 말처럼 쉽지는 않다. 현대인 앞에 놓인 '경쟁'은 이제 내가 남보다 낫고 싶다는 차원을 넘어 '생존'의 영역으로까지 확대되고 있기 때문이다. 경쟁에 뒤처지지 않기 위해서는 바빠야 하고 바쁘다 보면 여유를 잃을 수 있다. 하지만 여유가 있어야 힘들 때 다르게도 생각해볼 수 있고, 때론 경쟁이나 갈등에 있는 사람들의 입장이 되어 자신을 바로 볼 수도 있다.
    정신 건강에 또 하나 빼놓을 수 없는 게 있다. 바로 지혜다. 지혜는 지식과는 명백히 다르다. 책이나 문서를 통해 다음 세대에게 전달되지도 않는다.
    여유와 지혜를 얘기했지만 일반인들을 위해 교과서처럼 좀 더 자세하고 명쾌한 정의가 없을까 고민하던 중에 정신과 의사가 보는 '정신이 건강한 사람'에 대한 정의가 있어서 소개한다. 다음 여덟 가지의 정의를 모두 갖춘 사람은 정신이 건강한 사람이라고 봐도 무방하다.

---

1. 인생의 목적이 뚜렷하고
2. 타인에게 의존하지 않고
3. 현실을 그대로 보고, 혹 어려움이 있으면 그것을 극복해낼 수 있고
4. 자신의 처지에 맞는 행동을 하고
5. 다른 사람의 입장을 이해하며
6. 맡은 일을 하는데 있어서 지속적이고 인내심이 있으며
7. 인생의 즐거움을 여러 가지로부터 얻을 수 있고
8. 자신의 한계를 인정하고 받아들일 수 있다

언뜻 보기에 좋은 말만 다 모아놓은 것 같아도 건강한 정신을 위해서 하나하나 중요한 요소고 이정표들이다. 위에 나열된 정의들이 자신에게 어느 정도 체득되었는지 살펴보고 부족한 것을 내 것으로 만들어 나간다면 정신이 건강한 사람이 될 수 있다.

앞에 나열한 여덟 가지가 너무 많고 번거롭다고 생각하는 독자들이 있을지도 몰라서 좀 더 간단한 정의를 소개할까 한다.

정신 건강? 과거에 대한 갈등이 없는 사람

정신 분석의 창시자인 프로이트(Sigmund Freud, 1856-1939)는 사랑하고 일하는데 장애가 없는 상태가 바로 정신 건강이라고 간단하게 정의했다. 사실 사랑하고 일하는데 장애가 없으려면 인간관계에 문제가 없어야 하고, 다른 사람을 진정으로 이해해야 하고, 현실적이어야 하고, 자신이 세운 목표를 꾸준히 추구해야 한다. 물론 자기 자신도 잘 알아야 한다. 앞의 여덟 가지 정의와 그 맥락이 다르지 않다.

그러면 우리 주위에서 이런 기준을 만족하는 정신이 건강한 사람을 찾을 수 있을까? 물론 붓다나 예수 혹은 공자 같은 성인을 꼽을 수도 있다. 최고의 정신 건강을 가진 분들이고 우리가 반드시 지향해야 할 인물들이긴 하지만 현실 속에서 모델로 삼기에는 적절치 않다.

그냥 우리 주위에서 자주 볼 수 있는, 그러면서 정신적으로 건강하다고 할 수 있는 세 분을 소개해 볼까 한다. 물론 이분들의 모든 부분이 다 정신 건강의 모델이 될 수 있는 것은 아니다. 다만 어떤 부분에서 정신 건강의 요소를 잘 찾아볼 수 있어 제시한다.

첫 번째로 소개할 분은 내가 잘 아는 분의 할아버지로, 지금은 생존해 계시지 않는다. 이분을 직접 뵙지는 못했지만 이분이 남긴 한 일화에서 정신 건강의 진면목을 볼 수 있어 소개한다.

다소 엉뚱하게 들릴지 모르겠지만 이분은 노름을 즐겼다. 한 번은 하룻밤에 노름으로 거의 집 한 채 값에 해당하는 돈을 잃었다. 그런데 그 다음날 새벽에 똥장군을 지고 밭에 나가는 것이었다. 그것을 보고 주위 사람들이 어젯밤에 그런 거금을 잃고 일할 기분이 나느냐고 묻자 "일을 해서 벌어야지 또 노름을 할 수 있지 않느냐"고 대답하더라는 것이다.

이 이야기를 들었을 때 나는 놀라움과 함께 이분이야 말로 정신이 건강한 사람의 대표적인 실례가 될 수 있다고 생각했다. 정신의학적인 측면에서 볼 때 건강한 사람은 자신이 했던 일이나 이미 지나간 일에 대해 갈등이 없다. 말하자면 '내가 왜 노름을 했던가, 그 돈으로 노름을 안 하고 다른 것을 했더라면…' 따위의 후회와 갈등이 없다. 여기서는 극단적으로 노름이라는 예를 들었지만 다른 상황에서도 마찬가지다. 사실 노름이 옳거나 권장할 만한 것은 아니지만 어떻게 보면 인간의 취약한 부분이 가장 적나라하게 드러날 수 있는 상황이기도 하다. 그런 상황에서 오히려 그 사람의 본모습이 더 잘 드러날 수 있다.

노름을 하고 난 뒤 후회하는 사람은 대개 양손에 떡을 다 쥐고 싶어 하는 사람이다. 자기가 좋아하는 노름도 하고 돈도 따야 하는데 그것이 맘대로 안 되니 후회도 되고 갈등도 생기는 것이다.

이 할아버지처럼 자기가 좋아하는 일은 비록 그것이 노름일지언정 열심히 하고, 그 결과가 좋든 나쁘든 그것에 연연하지 않고 받아들이는 마음이 되면 그것이 바로 건강한 정신이다.

다음으로 소개할 분은 나와 가까운 분이다. 지금은 돌아가셨다. 이분은 사업을 하셨던 분이다. 보통 사업에는 항상 부침이 있는데 이분은 별 실패 없이 평생을 사업을 해와서 그 비결이 뭔지 궁금해 직접 물어본 적이 있었다. 이분은 내 물음에 대해 장황한 설명 없이 다음의 이야기만 간단히 하였다.

이분은 한국전쟁이 있기 전에 충청도 어느 도시에서 장사를 했다. 그런데 전쟁이 나서 피난을 가야 했다. 이때 이분이 제일 먼저 한 일은 자신에게 돈을 빌려준 사람들에게 빚을 갚는 거였다. 그 후에 남쪽으로 피난을 갔다.

이 간단한 대답 속에 이분의 비밀이 있었다. 이분은 평소 신용이 없는 사람이 다니면 '시체가 다니는 것 같다'는 말을 자주 하였다. 이 말과도 연관이 있다. 보통 사람은 전쟁이 나서 피난 간다고 하면 돈을 떼먹을 수 있는 좋은 기회로 생각할 수 있다. 누구에게든 돈은 참으로 소중하고 생명과도 같은 것이다. 그 소중한 것을 나를 믿고 사람들이 빌려 준 것이다. 그것을 갚는 것은 사람의 도리다. 돈을 안 갚을 때 그 사람이 나를 어떻게 생각하겠는가? 자신을 믿는 사람을 얻는 것, 이것만큼 중요한 것도 없다. 특히 사업은 더욱 그러하다. 그것을 생각하면 안 갚을 수 없다. 그런 마음으로 돈을 갚고 전쟁이 끝나고 사업을 하던 곳으로 돌아오면 '누구누구는 보증수표'라고 소문이 쫙 날 것이다.

이분은 학교는 별로 못 다녔지만 경험을 통해 얻은 지혜가 많아 같이 이야기 하면 많은 것을 배울 수 있었다. 내가 20여 년 전에 개원을 하였을 때 "찾아가는 장사는 어렵다. 찾아오는 장사를 해야지." 하였다. 내가 정신과 의원을 개원했으니 이제 사람들이 간판을 보고 찾아올 것이니 괜찮다는 것이다. 이 말은 이분이 찾아가는 장사도 경험하고 찾아오는 장사도 경험했다는 것이다. 아마도 장사 초창기에 행상을 하며 이곳저곳을 물건을 팔러 다니다가 자금을 마련하여 가게를 열어보니 힘이 덜 들고 장사가 잘되는 것을 경험한 데서 나온 지혜일 것이다.

이분이 종종 하는 이야기가 시장에서 장사를 하는 사람이 옷을 화려하게 입고 외제차를 타고 다니면 야반도주하는 경우가 많더라는 것이다. 물론 그런 사람은 장사가 잘되니 그렇게 했겠지만 자신이 있는 자리와 하는 일에 충실하지 않아서 그런 결과가 왔을 것이다. 이분은 사람들의 겉모습보다는 실제와 실상을 보았다. 이처럼 이분의 말은 다 경험을 바탕으로 하고 있고 실제 현실에서 다 적용이 되는 것이었다. 이분에게는 진정한 힘이 있었다. 현실에 맞게 할 뿐 의존심이 없었다.

마지막으로 소개할 사람은 소설 속 주인공이다. 일본소설『불모지대』에 나오는 주인공인데 그렇다고 가공의 인물은 아니다. 1900년대 초에 태어나 전쟁을 겪었던 실존 인물이다.『불모지대』는 일본 여류 작가 야마자끼 도요꼬가 쓴 소설인데 이 작가는 우리에게『하얀거탑』이라는, 의료계를 무대로 한 소설로 더욱 잘 알려져 있다. 이 책에서 말하는 불모지대는 시베리아를 뜻하는데, 작가는 이 소설을 쓰기 위해 시베리아를 자주 방문했다고 했다.

소설 속의 주인공은 일본 육사, 육대를 수석 졸업하고 태평양 전쟁을 진두지휘하는 대본영(참모본부)에 배치를 받아 태평양 전쟁에 참여했다. 하지만 일본이 패전하면서 시베리아에 포로로 끌려갔다. 시베리아에서 11년 동안 포로 생활을 하다가 일본으로 귀국했다. 귀국하고 난 뒤에 한

행동이 아주 인상적이었다. 그것을 보고 '이 사람은 정신이 건강한 사람이구나' 하는 생각을 하게 했다. 만약 여러분이 이 사람의 입장에 있었으면 어떻게 했을까?

먼저 생각해 볼 것은 일본 육사, 육대를 수석 졸업하고 대본영에서 근무했으면 아는 사람이 많을 것이다. 일본이 전쟁에서 패망했지만 지배층은 그대로 유지됐다고 했다. 그러면 아는 사람 중 지도적인 위치에 있는 사람이 있을 수도 있다. 그러면 보통의 사람들은 아는 사람들을 찾아다닐 수 있다. 그런데 이 사람은 달랐다. 자신에게 가장 필요한 일을 했다. 정신이 건강한 사람은 자신에게 필요한 일을 한다. 이 사람에게 가장 필요한 것은 이 사람이 일본에 없었던 11년 동안 일본에 무슨 일이 일어났는지를 아는 것이었다. 그래서 도시락을 싸들고 매일 국회 도서관에 가서 축쇄판 신문을 계속 봤다. 이것이 나에게 가장 인상적이었다.

이 사람이 지난 11년치의 신문을 다 읽었을 무렵에 어떤 사람이 소문을 듣고 찾아왔다. 사우디아라비아에서 유전을 개발하는 회사인데 이 사람이 필요해서 그러는데 같이 일할 수 있느냐고 물었다. 다 듣고 나더니 같이 일할 수 있다고 말했다. 찾아 온 사람이 '직책을 뭐를 주면 되겠냐'고 물으니 일 하는 것이 중요하지 직책은 회사에서 적절하다고 생각하는 것을 달라고 했다. 아마 대리 정도를 준 것으로 기억한다. 이 대목에서도 이 사람의 정신 건강의 일면을 보았다. 인정받고 대접 받으려는 마음이 없다. 일을 하다 보면 능력에 맞는 자리에 앉게 된다. 그 뒤에 이 사람은 이 회사의 설립자 다음의 자리에 오른다. 실제 이 사람은 삼성

그룹이 재벌이 되는데 자문 역할도 하고 우리나라도 방문하여 신문 기사에도 났다.

 우리는 살아가면서 정신이 건강한 사람들을 만날 수 있다. 그럴 때 그 사람들로부터 배워야 한다. 시기하고 질투하고, 위협을 느끼기보다는 다른 사람의 장점을 발견하고 그것이 내 것이 될 수 있도록 노력해야 한다. 그러면 우리의 정신이 건강해진다. 정신 건강의 모든 요소를 다 갖춘 사람은 드물다. 그러나 최소한 어느 한 요소는 가지고 있다. 내가 가지고 있지 않은 요소를 가진 사람을 보면 그것을 그 사람이 언제부터 어떻게 가지게 되었는지 들어 내 것으로 한다면 내 정신이 점점 건강해질 수 있다.

모든 인간관계는 주고받는 것이다
사랑도 예외는 아니다

　모든 인간관계는 주고받는 것이다. 한 치의 어긋남도 없다. 주고받음에서도 항상 주는 것이 먼저다. 주지 않으면 받을 수 없다. 주어야 받는다. 영어도 Give & Take다. 우리말이든 영어든 세상의 이치는 같다. 사람의 마음이 그렇게 작용한다. 그런데 사람들은 사랑은 여기에서 예외라고 생각한다. 그러다 보니 문제가 많이 생긴다. 사랑에도 이것이 적용된다. 본질적으로 보면 그렇다. 그러면 사랑에 어떤 주고받음이 일어나는지 보자.

　사람들은 사랑하면 그냥 준다고 생각한다. 사랑했을 때 그냥 주던 사람이 이제는 주지 않으니 사랑이 식었다고 생각한다. 사랑했을 때 일어나는 현상을 잘 보면 이때도 주고받는 것이 일어난다는 것을 알 수 있다. 사랑할 때 아무에게나 주지 않는다. 사랑하는 사람에게만 준다. 사랑할 때 존재 자체가 주고 있는 것이다. 사랑하는 사람을 보면 너무 좋다. 그것을 사랑하는 사람에게 주는 것이다. 사랑받는 내가 아니면 아무도 할 수 없는 것을 내가 하고 있는 것이다. 그것이 받는 사람의 마음에서 일어난 것이든 내 존재가 준 것이든 어쨌든 나를 보면 너무 좋은 것이다. 내가 없으면 그런 현상이 안 일어나니 그것을 내가 준 것이다. 그러니 사랑하는 사람이 그것을 받은 대가로 나에게 주는 것이다.

미국 파비아 대학교 연구진의 연구에 의하면 결혼한 지 수십 년이 됐으나 연애할 때처럼 사랑에 빠진 상태를 유지하는 커플들의 비율은 0퍼센트다. 그리고 이 연구진은 로맨스의 유효기간은 1년이라고 발표했다. 다른 연구에 의하면 낭만적 사랑은 도파민, 노르에피네프린의 높은 수치, 세로토닌의 낮은 수치와 관련이 있다고 한다. 세로토닌의 수치는 강박장애 환자의 세로토닌 수치만큼 낮았다. 강박장애 환자는 자신이 불안해하는 대상에 집착이 강하다. 그처럼 한창 사랑에 빠진 사람이 상대방에 집착하는 것도 이러한 신경전달물질의 변화를 토대로 하고 있다. 집착을 하니 세로토닌이 낮아졌는지, 아니면 세로토닌이 낮아지니 집착을 하는지는 모르지만 어쨌든 세로토닌 수치가 낮다. 그러나 사랑의 현상에 대해서 완전히 밝혀진 것은 없다. 분명한 사실은 강력하게 좋은 현상이 일정 기간 동안 일어난다는 사실이다. 이 기간 동안은 그야말로 무조건적으로 잘해준다. 그러나 이때도 좀 전에 말한 것처럼 내 존재 자체가 뭔가를 주고 있는 것이다. 그래서 받는 것이다.

이것이 사라질 때는 내가 상대에게 상대가 좋아하거나 필요로 하는 것을 주지 않으면 받지 못한다. 다른 인간관계에서는 주고받으려고 한다. 하지만 유독 사랑에서는 서로 받으려고 한다. 엄밀한 의미에서는 주지 않으면 받을 수 없다. 부부관계가 힘든 것이 이런 점 때문이기도 하다. 보통 사랑의 정점에서 결혼한다. 이렇게 나를 사랑한다면 결혼해서도 항상 행복하게 해 줄 것이라고 생각한다. 그런데 결혼해서 한동안은 자신이 생각하는 것이 전개되지만 어느 정도 시간이 흐르면 그렇지 않다. 그 기간은 사람에 따라 다르다. 주고받는데서 혼선이 오기 시작한다. '지가 뭘 해주는데' 하는 생각이 든다. 이때가 주고받는 데서 불균형이 생기기 시작하는 시점이다. 이 시점을 알아차리는 사람은 흔치 않다. 사랑에도 주고받는 것이 작용한다는 것을 아는 사람만이 이 시점을 인식할 수 있다. 미리 대비할 수 있다.

    로맨틱한 사랑을 꿈꾸는 사람은 이런 글을 쓰는 나에 대해 무슨 꿈 깨는 소리하냐, 그만하라고 할 것이다. 듣고 싶지 않을 것이다. 인생에서 낭만을 없애는 정신 분석가나 과학자의 말이라고 하면서 사랑은 정신 분석이나 과학의 잣대로 봐서는 안 된다고 말할 것이다. 무슨 말을 하든지 사실은 사실이다. 로맨틱한 사랑을 꿈꾸는 사람이 사랑의 대상을 자꾸 바꾸는 것은 어떻게 설명해야 하나? 여배우 엘리자베스 테일러는 여덟 번 결혼했다. 왜 우리를 변치 않고 진정으로 사랑하는 사람은 없을까? 이것에 대한 해답을 아주 간단한 원리인 주고받는 데서 찾을 수 있다. 이 원리를 잘 알면 우리는 변치 않는 사랑, 진정한 사랑을 할 수 있는 길을 발견할 수 있다.

사랑은 내려놓기

사랑은 두 종류가 있다. 힘 안 들이고 로맨틱하게 하는 사랑과 노력하고 만들어 가는 사랑이 있다. 로맨틱한 사랑은 달콤하긴 하나 언제 사라질지 모른다. 노력하고 만들어가는 사랑은 아무하고나 할 수 없다. 그런 감정이 드는 사람과 그렇게 할 수 있다. 로맨틱한 사랑이 계속 지속되기를 바라면 노력하고 만들어 가는 사랑의 도움을 받아야 한다. 로맨틱한 사랑은 도움을 필요로 한다. 노력하고 만들어가는 사랑은 로맨틱한 사랑이 없이는 시작이 될 수 없다. 로맨틱한 사랑으로 시작해서 노력하고 만들어가는 사랑으로 가야 한다. 이럴 때 변치 않는 사랑이 될 수 있다. 진정한 사랑이 될 수 있다.

그러면 어떻게 노력하고 만들어가야 하나? 사랑은 한 사람과 하는 것이다. 그 사람이 나와 같이 살아가면서 조금이라도 나아지고 성장하고 행복해질 수 있게 도와주는 것이다. 그러려면 그 사람을 잘 알아야 한다. 진정으로 이해해야 그렇게 할 수 있다. 한 인간을 진정으로 이해하는 것은 쉬운 일이 아니다. 그렇게 하는데 내 자신이 방해물이 된다. 우리는 타인을 진정으로 이해하는 식으로 살아오지 않았다. 그렇기 때문에 사랑하는 사람에게도 쉽게 되지 않는다. 내 방식대로 보고 내가 원하는 대로 생각하고 말하고 행동한다. 그것을 고쳐야 한다. 그래야 사랑하는 사람에게도 그것이 적용이 된다. 사랑하는 사람을 잘 관찰하고 어떻게 해야 그 사람에게 도움이 되는지 잘 봐야 한다. 내 생각이나 감정이 들면 그것을 내려놓고 그 사람을 잘 봐야 한다. 그 사람에게 진정 도움이 되는 길을 찾아야 한다. 우리는 쉽게 남을 고치려고 한다. 누구라도 잘하고 싶고 고치고 싶은데 잘 안 되는 것이다. 연구를 해야 한다. 연구를 해서 조금이라도 도움이 되어야 한다. 그래야 상대는 고마워한다. 저 사람이 내 곁에 있어서 참 좋다는 생각을 한다. 감동을 줄 수 있다. 쉽게 되는 것은 없다. 많은 관찰과 연구를 필요로 한다.

그런데 이런 노력을 해가는 가운데 내가 가장 많이 좋아진다. 내 인생이 달라진다. 다른 사람이 나를 보는 것이 달라진다. 직장에서 나를 보는 것이 달라진다. 사랑은 묘하다. 상대를 성장시키려고 하는데 내가 성장한다. 상대를 행복하게 하려고 하는데 내가 행복해진다. 사랑의 묘약이다. 사랑은 신비한 힘을 가졌다. 그래서 진정한 사랑은 위대하다고 한다. 로맨틱한 사랑은 우리에게 상처를 주고 방황하게 만든다. 진정한 사랑은 그렇지 않다. 우리를 성숙시켜주고 인생의 의미를 알게 해주고 진정으로 한 인간을 사랑한다는 것이 무엇인지를 알게 해준다. 준 것보다 훨씬 더 많은 것을 얻게 되는 남는 장사다. 한 번 해보지 않겠는가!

열등감은 없다
나만의 가치를 안다면

자기만의 가치를 아는 사람은 사람들과 같이 있을 때 흔들리지 않는다. 사람들이 무시해도 전혀 동요가 없다. 자기 확신이 있는 사람은 누가 나를 어떻게 대하든 상관하지 않는다. 이런 사람에게 열등감은 있을 수 없다.

불교 경전에 흔들리지 않는 마음이 어떤 것인지 잘 알 수 있는 내용이 있어 소개한다.

어느 날 붓다에게 어떤 사람이 찾아와 어떤 이유에서인지 거친 말과 욕을 했다. 붓다는 묵묵히 듣고만 있었다. 그리고 그 사람은 떠나갔다. 제자들이 모여 그 일을 이야기하면서 붓다가 왜 그 사람을 가만히 두었는지 이해가 안 간다는 투로 이야기를 했다. 그러자 붓다가 와 무슨 이야기를 하고 있었느냐 물었다. 제자들은 사실대로 이야기했다. 다 듣고 난 뒤 붓다는 "오늘 일은 다음의 비유로 말할 수 있다."고 하면서 제자들에게 다음과 같이 이야기했다. "너희들이 어느 집을 방문했는데 상에 먹을 수 없는 것이 올려져 있어 먹지 않고 돌아오면 그것을 누가 치워야 하겠느냐?" 하고 제자들에게 물으니 제자들이 "당연히 상을 차린 사람이 치워야 합니다." 했다. 이에 붓다는 "오늘 일이 그와 같다."고 대답했다. 붓다는 다른 사람의 문제를 내 문제로 만들지 않는다. 붓다는 자신에 대해 확신이 있다. 자신이 어떤 사람이고 사람들에게 어떤 것을 주고 있고 어떤 대접을 받아야 하는지 알고 있다.

우리 자신에 대해 확신이 없으면 다른 사람이 하는 말이나 행동에 흔들릴 수 있다. 남의 말에 쉽게 흔들리는 사람은 자신을 어떻게 보고 있는지 돌아보아야 한다. 자신의 가치를 제대로 알고 있는지 봐야 한다. 자신이 얼마나 가치가 있는지 모르는 경우가 있다. 자기가 어떤 역할을 하는지 모르고 있는 수가 있다.

언젠가 여행을 하면서 사람은 누구나 자기만의 소리를 내고 있다는 것을 경험한 적이 있다. 이러한 사실을 아는 것도 사람들 속에서 흔들리지 않는데 도움이 될 것이다. 자신의 진정한 가치를 아는 것은 살아가는데 큰 힘이 된다. 누구나 자기 나름대로 가치가 있다. 남과 비교할 수 없는 그 사람만의 가치가 있다. 우리 모두는 진품이다. 모조품이 없다. 나와 꼭 같은 사람은 없다. 그런 점에서 가장 독창적이다.

누구나
자기 목소리를 낸다

　2000년 봄 스페인 바르셀로나에서 유럽 정신 치료 학회가 열렸다. 동행 없이 나 혼자 참석했다. 학회가 모두 끝나는 마지막 날에는 만찬이 열렸다. 항구 도시답게 배에서 열리는 만찬이었다. 배의 밑 부분에서 식사를 모두 마친 참석자들은 갑판 위로 올라와 마련된 무대 앞에 앉았다. 뱃머리에 설치된 무대에는 세 명이 아코디언, 기타, 그리고 스페인 민속 악기처럼 보이는 악기를 연주하고 있었고 나머지 다섯 사람 정도가 청중들을 보면서 노래를 불렀다. 듣기에 참 좋았다. 특히 한 사람이 우리 청중의 눈을 끌었다. 노래를 아주 뛰어나게 잘 불러 다른 사람들과 비교가 될 정도였다. 아마 젊었을 때 유명한 테너 가수가 아니었을까 하는 생각이 들었다. 다른 사람도 그렇게 생각했을 것이다. 모두들 그에게 시선이 집중되어 있던 와중에 사건이 발생했다. 노래를 부르던 단원 중에 한 명이 황급히 무대를 벗어나 사라졌다. 그날 파도가 좀 있었는데 아마 멀미를 한 모양이었다. 무대에 선 사람들에게는 예기치 못한 큰 사고였다. 그러다 보니 한 사람 빠진 것을 보충하느라 나머지 사람들이 혼신의 힘을 다해 노래를 불렀다. 아까 말했던 특출하게 뛰어난 가창력을 가졌다는 사람도 혼신의 힘을 다했고 다른 멤버들도 혼신의 힘을 다하는 것이 눈에 보였다. 하지만 한 사람이 빠지고부터는 노래에 더 이상 흥겨움이 없었다. 다른 사람들이 더 열심히 하는데도 불구하고 맥이 빠진 노래가 되었다. 그 전의 노래와 비교하면 뭔가가 빠진 노래였다. 그러다가 30분~40분 후에

생각 사용 설명서

아까 무대를 빠져나갔던 멤버가 다시 돌아왔다. 다시 노래는 흥겨워지고 듣기에 무척 좋았다.

나에게는 참으로 신기한 경험이었다. 우리는 누가 아주 강하고 뛰어나면 그 사람의 영향으로 조직이나 집단이 돌아간다고 생각하는데 그것이 아니라 거기에 모여 있는 사람 하나하나는 다 자기 소리를 낸다는 것을 여기서 느꼈다. 멤버 중에 어느 누가 빠져도 비슷한 현상이 벌어졌을 것이다.

물론 경우마다 차이는 있겠지만 이 일을 경험하고부터는 여러 사람이 하는 일은 예술이든 작업이든 학문적인 것이든 그 속에 들어 있는 사람들 각각이 자기 소리를 내고 그 소리들이 모여서 그 집단의 소리가 된다고 생각했다.

내가 더 많은 소리를 낸다고 생각해서도 안 되고 내 소리는 약하다고 생각해서도 안 된다. 각자 누구도 낼 수 없는 자기만의 소리를 내고 자기만의 가치를 드러낸다.

이러한 사실을 분명히 알면 열등감은 발을 붙이기 어렵다. 열등감은 자기 가치를 모르고 남과 비교할 때 생긴다. 남이 가진 것을 자기는 안 가졌다고 자꾸 생각할 때 열등감이 생긴다. 나만이 가진 가치를 알고 남과 비교하는 생각을 하지 않을 때 열등감은 사라지고 어떤 것에도 흔들리지 않는 자기 확신이 나에게 생긴다.

호흡이 맞지 않으면
함께 여행을 떠나라

　나를 찾아온 사람들 중에 자식과 잘 맞지 않는다고 호소하는 사람에겐 둘만의 여행을 떠나보는 것이 어떠냐고 권유한다. 여행을 할 때는 굳이 좋은 시간을 가지려고 노력하거나 둘만의 대화를 하려고 너무 애쓰지 않아도 된다.

　물론 자식이 부모와 여행하기를 원하지 않는 경우가 많기 때문에 자식의 동의를 끌어내기 위해서는 자식에게 여행지 선택을 맡겨야 하는 경우가 많다. 그렇게 하는 것이 좋다.

　이렇게 여행을 떠나는 부모들에게는 여행을 통해 뭘 어떻게 해보려는 생각보다는 그냥 무작정 떠나보라고 조언한다. 물론 이렇게 얘기하면 부모들은 난감해 한다. 부모들은 '걔가 나하고 여행을 가려고 하겠나?'에서부터 '간다고 해서 무슨 효과가 있겠나?'까지 다양한 반응을 보인다. 주저하는 부모들에게는 내 경험을 들려준다. 나 역시 아들과의 두 번의 여행을 통해 많이 달라졌다.

첫 번째 여행은 아들이 중학교 2학년이었을 때다. 아들과 나는 타고난 기질과 성향도 다르고 취향도 달랐다. 어릴 때 아들은 게임을 아주 좋아했는데 나는 옛날 것이건 최근 것이건 그런 것에는 아예 흥미가 없었다. 나는 진지하고 꾸준한 반면 아들은 유쾌하고 빠르며 또 변화를 좋아했다. 물론 아들과 처음부터 서먹했던 건 아니었다. 어릴 때는 아들과 보내는 시간이 꽤 많았다. 하지만 아들이 사춘기에 접어들면서 나에게 마음을 터놓지 않는다는 느낌을 받았다. 사춘기에 들어서면 의논할 일이 많아지고 오해할 일도 많아진다. 대표적인 게 공부에 대한 압박으로 인한 오해다. 내 한마디 한마디가 자식에게는 '공부만 해라'라는 말로 들릴 터이고 스트레스로 연결될 소지가 많았다. 그럴 즈음 애 엄마가 둘이서 여행을 같이 가보는 것이 어떠냐고 말했다. 듣는 순간 아주 좋은 생각이라고 생각했다.

우선 아이에게 같이 여행을 가지 않겠느냐고 물으니 시큰둥한 반응을 보였다. 그래서 아이에게 '네가 원하는 나라 어디든지 갈 것이니까 여행을 같이 가자'고 제안했다. 당시 아들은 일본에 대한 관심이 무척 많았다. 아들은 '일본으로 간다면 가겠다'고 얘기했다. 그렇게 해서 아들과 일본 여행을 하게 되었다. 둘만의 시간이 많은 게 좋을 것 같아 여행사 패키지가 아니라 자유여행을 선택했다.

여행하는 동안 아들에게 일부러 말을 시키거나 대화하려고 하지 않았다. 자연스레 필요한 말만 했다. 서로 말없이 이동하는 시간이 많았다.

아이는 음악을 듣기 위해 항상 귀에 뭘 꽂고 있었다. 나는 경치를 구경하거나 책을 봤다. 그렇지만 한 공간에 있었다. 도쿄 공항에서 도심까지 갈 때는 지하철을 이용해야 하는데 도쿄 지하철이 워낙 복잡해서 지하철 표 자동 구입기에 한 사람은 동전을 넣고 한 사람은 노선을 보는 역할 분담을 하지 않으면 안 되었다. 그런 것을 통해 서로 접촉하지 않을 수 없었다. 같이 방을 쓰니 또 자연스럽게 서로를 지켜볼 수밖에 없었다. 가족이라서 한집에 살지만 각각의 공간이 있기 때문에 서로 안다고 생각하는데 모르는 것이 있다. 여행을 하면서 직접 한방을 쓰니 평소에 보지 못 한 것을 볼 수 있었다. 아들도 마찬가지였을 것이다. 이런 과정을 통해 말로 표현할 수 없는 것을 느낄 수 있었다. 여행을 갔다 온 후에 아들이 아내에게 '효도 관광 갔다 왔다'고 표현은 했다지만 내가 아들을 보고 대하는 느낌이 달라졌다는 걸 알 수 있었다. 아들도 여행 전과 달리 나를 보는 것이나 대하는 것이 차이가 있다는 느낌을 받았다. 여행하던 중 오사카에서 내 지갑을 소매치기 당했다. 가지고 있는 돈을 몽땅 잃었다. 같이 일본 경찰서에 가서 신고를 하였다. 다행히 내 친구가 도쿄에 있어 그 친구의 도움으로 여행을 무사히 마칠 수 있었다. 이런 것을 같이 경험하면서 서로가 서로를 볼 수 있었다. 나는 아들의 볼 수 없는 면을 볼 수 있었고 아들 역시 평소에 보지 못한 나의 어떤 면을 봤을 것이다. 나는 사실 아들에 대해 불만이 있었다. 공부를 해야 되는데 공부를 하지 않고 미래도 준비하지 않는다고 생각했다. 그런데 여행하면서 보니 자기 좋아하는 것을 하면서 나를 피곤하게 하지도 않고 나름대로 앞에 놓인 일을 잘 처리하였다. 아들에 대한 신뢰가 생겼다. 자기 나름대로 잘 살아가고 있구나 하는 생각이 들었다. 아들을 좀 편안하게 바라보게 되었다. 아이가 나를 어떻게 봤는지는 모르겠다. 나처럼 평소에 보지 못한 것을 조금이라도 보지 않았을까 생각한다.

상대방이 어려울 때는
우선 이해할 수 있는 장을 마련하라

두 번째 여행의 기회가 왔다. 역시 일본 여행이었다. 아들이 고등학교 2학년 때였다. 첫 번째 여행 이후 3년이 지났다. 여행의 계기는 달라이 라마 때문이었다. 우리나라에는 중국 정부의 압력으로 달라이 라마가 방문하지 못하기 때문에 달라이 라마를 보고 싶은 사람은 인도의 다람살라로 가거나 아니면 가까운 일본으로 가야 한다. 나도 달라이 라마를 직접 봤으면 하여 정원으로 유명한 일본의 휴양 도시 가나자와에서 열리는 법회에 참석하기로 마음먹었다. 달라이 라마의 건강도 점점 안 좋아져서 언제 다시 볼 수 있을지 모른다는 주변의 권유도 한몫했다. 먼발치에서나마 보고 싶었다. 아들에게도 그런 기회를 주고 싶었다. 그래서 아들에게 또 같이 일본에 한번 가보는 게 어떻겠냐고 제안했다. 물론 그때 아이는 학기 중이었다. 학교를 빼먹고 가야했지만 그만큼 가치가 있다고 생각했다. 이번에는 아들에게 이런 조건을 붙였다. '이틀간 열리는 달라이 라마 법회는 꼭 참석하고 나머지 시간을 네 마음대로 하면 된다'는 조건이었다. 아들이 흔쾌히 동의했다. 첫 여행 후 3년이 흐른 시간이었다. 그동안 아들과의 관계도 좋아져서인지 3년 전에 여행하던 것과는 많은 차이가 있었다. 자연스럽게 대화가 오고 갔다. 이때는 같이 간 스님들과 어울려 같이 시간도 보냈다. 이 여행을 하고 난 뒤 아들과 부쩍 가까워졌다는 느낌이 들었다. 지금 생각해보면 그 두 번의 여행이 없었으면 둘의 관계가 어땠을까 하고 생각한다. 아찔하면서도 참 다행이라는 생각이 많이 들었다. 그래서 상담하면서 가족 간에 호흡이 맞지 않고 코드가 맞지 않고 서로의 장점을 보지 못할 때 내 경험에 근거해서 나는 아버지와 아들, 어머니와 딸, 또는 가족 간의 여행을 관계 개선의 처방으로 권한다.

부모와 자식의
의견이 상반될 때

　아이를 키우다 보면 부모와 자식의 의견이 상반될 때가 많다. 아니 많다는 표현만으로는 부족할지도 모른다. 셀 수조차 없을 것이다. 이럴 때 참 난감하고 인생이 피곤하다. 부모 입장에서 보자면 그 결과가 뻔히 보이는데 자식은 자신이 옳다고 부득부득 우긴다.

　몇 년 전에 의대 졸업 25주년 홈커밍데이에 참가했다. 아주 오랜만에 동창들과 이야기할 기회였다. 그때 부모와 자식 간의 의견충돌이 소재로 올라왔다. 부모 입장에서 아이가 손해되는 일을 하려고 할 때 어떻게 해야 할까? 학교 다닐 때 꽤나 자유롭고 합리적이었다는 평을 들었던 동창이 있었는데 대뜸 "당연히 아이를 위해서 못하게 해야지." 하면서 그게 진정 아이를 위한 길이라고 주장했다. 그때 이야기 속에 주인공으로 등장했던 아이와 아이의 결정은 사실 그리 심각한 정도는 아니었다. 나는 그동안 아이들을 상담했던 경험과 그런 일이 닥쳤을 때 아이들에게 나중에 미치는 영향 등을 고려해 항변해 봤지만 그 동창은 "그건 아이를 사랑하지 않는 것"이라며 단호하게 이야기했다. 무척 당황스러웠다. 그 동창 정도면 내 이야기를 이해하고 호응해줄 줄 알았는데 그 동창도 그렇게 생각한다면 일반 사람은 얼마나 더 멀리 나가 있을까 하는 생각이 들었다.

몇 년 전에 신문에서 본 이야기다. 아이가 미국 유학을 갔는데 고등학교를 졸업하자 대학에 진학하지 않고 뜻이 맞는 아이들과 사업을 시작하여 빌 게이츠처럼 되겠다고 해 부모가 난감해했다는 기사였다. 그 집에 난리가 났겠구나 하는 생각이 들었다.

부모와 아이들은 사소한 일에서부터 큰일까지 서로 생각이 다를 수 있다. 어린아이를 키우는 집에서 주로 부딪치는 일의 하나가 '옷' 때문이다. 늦봄에서 여름으로 계절이 바뀌었는데 아침에 아이는 봄옷으로 입고 가겠다고 하고 엄마는 시원한 여름옷으로 입고 가라고 말한다. 크지는 않지만 항상 말다툼으로 이어진다.

아이들은 일기예보도 보지 않고 아침 날씨로 낮의 날씨가 예측이 안 되니 어제 입던 옷이 좋을 것으로 생각하고, 엄마는 일기예보도 보고 아침 날씨로 낮에 더울 것이 예상이 되니 아이를 위해 시원한 옷을 입혀 보내고 싶은 것이다. 서로 자기주장을 하다 보니 기분이 상하고 감정이 상할 수 있다. 나중에는 누가 옳은지 보자 하는 오기까지 생길 수 있다. 아이와 엄마 모두 하루를 불쾌하게 시작해야 한다.

포기하지 않고 기다리기

부모는 아이들보다 인생을 더 살았기 때문에 경험도 많고 정보도 더 많다. 그뿐만 아니라 예측 능력도 더 크다. 그래서 아이들이 못 보는 것을 더 볼 수 있다. 그것을 아이들과 나누어 아이들에게 도움을 주어야 한다. 이때 자연스러운 흐름을 타야 하는데 자칫 잘못하면 흐름이 뒤틀릴 수 있다. 아이에게는 처음으로 사는 삶이다. 한 번도 가보지 않은 길이다. 그래서 자기가 가보고 싶은 곳으로 가고 싶다. 부모는 가본 길이다. 여기에 차이가 있다. 둘이 공존해야 한다. 어떻게 공존할 수 있을까? 아이는 가보고 싶은 길로 가고 부모는 살아온 경험과 지혜를 아이에게 준다. 부모에게 받은 경험과 지혜를 가지고 자기가 가고 싶은 길로 가는 것이다. 이렇게 되면 아이, 부모 둘 다 온전히 존재할 수 있다. 아이가 봄옷을 입고 유치원에 가고 싶다면 엄마는 "어제 일기예보를 봤더니 오늘 낮 기온이 여름 날씨라고 하더라. 그리고 아침 날씨를 보니 오늘 낮에 되게 더울 것 같다. 그렇지만 엄마 말을 참고로 해서 네가 입고 가고 싶은 옷으로 입고 갔다 와서 이야기해보자." 하는 것이 좋다. 그러면 아이는 자기 생각이 맞을 것으로 생각하고 유치원에 갔는데 다른 아이들은 시원한 옷으로 입고 오고 자기만 더운 봄옷으로 입고 와 눈에 띄고 낮에 더워서 고생하면 집에 와 "엄마 말이 맞았어. 엄마 말 들을 걸 그랬어." 하면서 자연스러운 흐름을 탄다. 엄마가 내가 못 보는 것을 보는구나 하면서 엄마 말이 진정한 권위를 가지게 된다. 그렇게 되면 아이는 살아가면서 엄마와 의논하게 된다. 이렇게 하여 부모의 경험과 지혜는 아이의 마음속에 자연스럽게 자리 잡는다. 아이에게 손해된다고 하여 못하게 하면 아이의 경험을 막게 된다. 시행착오를 통해 아이는 배우게 된다. 손해되는 것보다는 훨씬 많은 것을 배우게 된다.

앞서 말한 대학에 가지 않고 창업하겠다는 미국 유학생의 경우도 충분히 부모가 생각한 것을 이야기하고 그 계통에 관계된 사람도 만나게 해서 현실을 보게 한 후에 그래도 사업을 시작하겠다면 열심히 해서 성공하도록 하라고 하면서 부모의 도움이 필요하면 언제든지 말하라고 이야기하는 것이 좋다. 하지만 생각대로 되지 않으면 그때 가서 다시 의논하자고 하면 자연스러운 흐름이 손상되지 않는다. 그 학생은 나름대로의 열정과 비전 속에서 그 일을 해보고 싶은 것이다. 이런 열정을 우리는 소중히 생각해야 한다. 그래서 정말 열심히 했는데 뭔가 부족한 것이 있었다면 그때 그것을 보충하면 된다. 그때 대학을 갈 수도 있다. 부모는 기다려 주는 것이 필요하다. 물론 아이가 회복 불가능한 어떤 일을 저지른다면 막아야 한다.

아이가 부모가 말하는 대로 안하는 경우 부모에게서 쉽게 나오는 반응이 '그러면 네 마음대로 해라'인데 그러면 아이와 부모와의 사이에서 가장 중요한 관계에 손상이 온다. 아이는 완전히 자립할 수 있을 때까지는 부모의 도움을 필요로 한다. 아이에게 부모는 항상 든든한 뒷배가 되어야 한다. 부모가 뒤에 있다고 생각해야 아이는 힘이 난다. 부모에게 버림받았다고 생각하면 힘이 빠지고 자신감이 없어진다. 무엇이든지 아이를 가르칠 기회라고 생각하고 그것을 잘 활용해야 한다. 아이에게 생긴 긍정적인 에너지는 항상 소중하게 생각해야 한다.

    부모뿐만 아니라 지도하는 입장에 있는 사람은 이런 마음을 가지는 것이 필요하다. 지도하는 사람의 풍부한 경험과 지혜와 처음 가는 사람의 의욕이나 호기심, 탐구심이 조화를 이루어야 한다.

    이런 부모나 지도자와 같이 생활한 사람은 부모나 지도자에 대해 진정으로 고마움을 느끼고 부모나 지도자를 자신을 자신보다 더 아끼고 사랑한 사람으로 기억할 것이다.

행복해지려면
행복해지는 일을 해야 한다

　돈이란 글자와 도(道), 돌다(狂)를 유심히 보면 재밌는 것을 발견할 수 있다. 도, 돈, 돌이 한글로 같은 자인 도를 공유하고 있다. 돈을 잘 다루면 도를 이루고 돈을 잘못 다루면 돌게 된다. 돈을 잘 다루면 우리에게 유익한 일이 생기지만 돈을 잘못 다루면 큰 화가 생길 수도 있다. 돈을 대하는 것을 보면 그 사람의 인격을 알 수 있다. 종교 단체도 청정한지 아닌지를 보려면 보통 두 가지를 보면 된다. 돈과 여자다. 이 둘에 청정하지 못하면 그 종교 단체는 문제가 있다고 보면 된다. 처음부터 돈과 여자를 위해서 그 단체가 설립되었든지 아니면 처음에는 그렇지 않았는데 그 뒤에 문제가 생겼든지 둘 중의 하나다.

　돈으로부터 청정하고 자유롭기는 쉽지 않다. 얼마 전에 텔레비전에서 특이한 뉴스를 봤다. 러시아의 젊은 수학자인데 현상금을 걸고 낸 문제를 풀고 난 뒤에 상금을 안 타갔다고 한다. 상금이 어마어마한 액수였

다. 이 수학자는 오로지 수학을 공부하거나 연구하는 것으로 시간을 보냈다. 경제적인 형편 역시 넉넉지 않았던 것 같다. 왜 상금을 받아가지 않는지에 대해 정확한 보도가 없어 추측을 할 수밖에 없지만 아마도 돈으로 자신의 삶이 영향 받는 것을 원치 않았기 때문이 아닐까 생각해 본다. 참 지혜로운 사람이라는 생각이 들었다.

　우리는 돈에 대해 환상을 가지고 있다. 실제 돈이 우리에게 주는 영향을 보지 못한다. 돈이 많으면 돈이 우리를 행복하게 해줄 것이라고 생각한다. 실제 돈이 있을 때 일어나는 것을 보려고 하지 않는다. 30대 후반의 남자 환자는 돈에 대해 자신이 겪었던 이야기를 나에게 해 주었다. 돈이 10억 이상 있으면 행복해지겠지 해서 금융 쪽 일을 해서 열심히 돈을 벌었다. 그래서 그 정도의 돈을 수중에 넣었다. 그런데 예상과는 달리 행복하지 않았다. 그래서 동료나 후배들에게 그 이야기를 했지만 아무도 귀를 기울이지 않았다. 이 환자는 인생에서 귀중한 경험을 했다. 행복해지려면 행복해지는 일을 해야 행복해지지 행복과 관계가 없는 일을 하면 행복해지지 않는다.

　티베트 스님에게 들었다며 어떤 사람이 나에게 해준 이야기가 이와 관계가 있어 해보겠다. 티베트를 떠나 인도 북부에서 살고 있는 티베트 아이들이 달라이 라마를 만났을 때 달라이 라마에게 "존자님, 존자님은 세계를 돌면서 맛있는 음식 많이 먹어 보셨죠. 어떤 음식이 제일 맛있었나요?" 하고 물어보았다. 질문을 받고 달라이 라마는 잠시 생각한 뒤에 "배고플 때 먹었던 음식이 제일 맛이 좋았다."고 대답했다. 이 말은 '애들

아 너희들은 항상 배가 고프니 항상 맛있는 것을 먹고 있단다. 너희들이 먹고 있는 음식이 참 맛있는 거란다' 하는 의미다. 사실이다.

　나도 그랬다. 초등학교 졸업식이 끝나고 먹었던 자장면이 내가 먹어본 것 중에 최고였다. 그때는 돈이 없었다. 자장면을 사먹기도 힘들었다. 그때 어렵게 사먹었던 자장면이 지금 얼마든지 쉽게 사먹을 수 있는 자장면보다 훨씬 맛있었다. 풍족해지면 오히려 잃는 것이 있다. 음식만 그런 것이 아니다. 주말도 마찬가지다. 직장인이나 학생들은 주말이 참 달콤하고 기다려진다. 그런데 방학이 되어 만날 노는 학생이나 실업자는 딱히 주말이 기다려지거나 설레지 않는다. 부족한 것이 우리가 가진 것을 소중하고 귀하고 좋게 만든다. 실제를 볼 수 있는 것이 중요하다.

내가 가지고 있는 돈은
남에게 받은 것이다

　내게 돈에 대해 어느 정도 실상을 볼 수 있게 해 준 계기가 된 일이 있었다. 지금으로부터 20여 년 전, 군의관으로 근무할 때인데, 하루는 우연히 텔레비전에서 콩트를 한 편 봤다. 오래전 일이라 자세한 내용이 다 생각이 나지는 않는다. 배일집이라는 코미디언이 주인공으로 나온 콩트였는데 이 사람은 항상 돈을 실컷 써보는 것이 소원이었다. 그래서 항상 그 생각을 하면서 하늘에서 돈벼락이 떨어지길 바랐다. 그러던 어느 날 누가 찾아와 "당신, 돈 한 번 실컷 써보지 않겠소." 하였다. "그걸 말이라고 하시오. 그럴 기회가 와야 말이지요. 그리 됐으면 소원이 없겠소." 하니 찾아온 사람이 그렇게 해주겠다고 하였다. 그러면서 돈을 쓰는데 조건이 있다고 하였다. 하루에 얼마를 써야 하는데 절대 남에게 주거나 버려서는 안 되고 꼭 자기 손으로 써야 한다고 했다. 그 돈 액수는 오래 되어 기억이 안 나는데 지금으로 치면 몇 백만 원 정도 되는 액수였다. 시계가 없어 시계를 살 때 고급 시계를 사는 것은 아무 문제가 없는데 시계가 있는데 또 시계를 사는 것은 안 된다는 것이다. 고급 음식점에 친구들을 데리고 가서 사주는 것은 괜찮은데 친구에게 돈을 주면 안 된다는 것이다. 어쨌든 자기 손으로 매일 매일 써야 된다는 것이다. 주인공은 "그게 무슨 문제냐. 걱정마라. 얼마든지 쓸 수 있다." 하니 그 사람이 문서를 작성하라고 해서 그 찾아온 사람으로부터 돈 쓰는 일을 인계받았다. 인계를 해 주고는 그 사람은 쏜살같이 가버렸다.

　자기에게도 결국 행운이 찾아왔다고 하면서 주인공은 그 다음날부터 돈을 쓰기 시작한다. 집도 사고 시계도 사고 친구들 불러다가 고급 음식점에서 밥도 사주고 돈을 신나게 쓰기 시작한다. 너무 너무 행복해한다. 그렇게 신나는 날들이 한동안 계속되었다. 그런데 시간이 지나가면서 변화가 생기기 시작했다. 친구들이 슬슬 피하기 시작했다. 밥을 사준다고 하면 약속이 있다면서 거절했다. 친구들 입장에서는 고급 음식점도 한두 번이지 자꾸 가니 음식이 물리고 시간도 없고 밥은 사주지만 돈을 주지는 않으니 도움이 안 되고 귀찮기만 했다. 이 사람 자신도 돈 쓰기가 쉽지 않았다. 써야 할 돈을 하루 내에 다 쓰기 위해서는 아침 일찍 일어나야 했다. 한 번은 새벽부터 돈을 썼지만 다 쓰지 못해 못 쓴 돈을 버릴 수도 없어 강도를 만나 줄려고 골목길에 논뭉치를 양복 윗주머니에 보이게 꽂고 서있으니 강도가 보고 뭔가 이상한 기운이 느껴지는지 도망을 쳐버렸다. 그렇게 돈 쓰기가 힘든 날들이 계속되면서 돈에 대한 생각이 달라지기 시작했다. 돈 쓰는 것이 즐거운 것이 아니라 고역이라는 사실을 알게 되었다. 그래서 처음에 자기에게 계약서를 쓰고 돈 쓰는 일을 물려주고 간 사람을 찾았지만 찾지 못하고 결국 정신병원에 입원하는 것으로 그 콩트는 끝이 났다.

이 콩트를 보면서 내가 그 콩트의 주인공이었으면 어떨까 하고 생각해 보았다. 실제로 일어날 일을 생각해 보니 돈을 써야 하는 것이 즐거운 일이 아니라 고역이라는 것을 실감할 수 있었다. 그때 안 사실은 내가 하루에 돈을 얼마 쓰지 않는다는 것이었다. 그것도 밥을 사먹는다든지 나에게 필요한 일로 돈을 써왔다. 그런데 그게 아니라 내게 필요하고 관계없이 돈을 쓰게 되면 굉장히 힘들 수 있다는 생각이 들었다. 돈 쓰기에 바빠서 내가 하고 싶은 일도 못할 수 있겠다는 생각도 들었다. 실제를 보는 것이 참 중요하다. 특히 돈에 대해 실제를 보는 것이 중요하다. 돈을 가지고 실제로 무엇을 할 수 있는지, 돈이 있을 때 그것이 어떤 영향을 나에게 주는지, 나에게 꼭 필요한 돈이 얼마인지 등을 정확히 아는 것이 필요하다.

나는 로또를 사지 않는다. 이유는 1등을 할까 겁이 나서다. 큰돈이 들어오면서 나와 내 가족에게 미치는 영향이 두려워서 안 산다. 내가 통제 못하는 상황이 일어나는 것이 두려워 사지 않는다.

돈에 이렇게 부정적인 면만 있는 것은 아니다. 하루는 이런 생각을 해봤다. 세상에서 현재 일어나는 일 중에 돈만 딱 빼버리면 어떻게 될까. 그러면 음식점에서는 '우리 집에 좋은 음식 만들어 놓았으니 와서 맛있게 드세요'이고 영화관에서는 '이번에 시간을 많이 들여 이런 재미있는 영화를 만들었으니 꼭 와서 보세요' 하는 것이고 옷가게는 '이번에 이런 멋있는 옷 만들었으니 입어보세요' 하는 것이 된다. 남이 좋아하는 것을 하기 위해 열심히 노력을 하고 있는 것이다. 돈이 서로를 돕게 하는 매개체가 된다. 돈뿐만 아니라 지위도 마찬가지다. 남을 돕게 하는 역할을 한다. 세상을 잘 돌아가게 하는 윤활유 같은 역할을 한다.

사람들은 돈을 많이 가지기를 바란다. 그런데 지갑 속에 든 돈을 보면 돈에는 꼬리표가 붙어 있다. 그 돈을 준 사람이 있다. 준 사람이 없다면 그 돈이 내 지갑에 없다. 다 내가 아닌 남으로부터 받은 돈이다. 가까운 남인 가족이 준 돈이거나 진짜 남이 준 돈이다. 가족은 가족이라는 이유만으로 돈을 준다. 그러나 남은 내가 먼저 뭘 주었을 때 그 대가로 돈을 준다. 그 사람이 원하는 것을 주었을 때 그 대가로 돈을 나에게 준다. 사실 돈은 남을 도운 대가다. 돈을 많이 가지고 있다는 것은 어쨌든 남이 필요로 하는 것을 많이 주었다는 것이다. 물론 부정부패가 만연했을 때 권력을 부정적으로 이용하여 돈을 번 경우는 예외다. 사회가 안정되고 법대로 돌아갈 때 돈을 많이 가지고 있다는 것은 남을 어떤 형태로든지 많이 도운 결과다.

진료실에서 만난 학생들이 나에게 돈을 많이 갖고 싶다고 하면 돈의 이런 속성을 이야기해 주면서 "너는 남에게 뭘 줄 수 있니." 하고 묻는다.

대답이 없거나 궁색하면 돈을 많이 갖기 위해서는 이제부터 남에게 줄 수 있는 것을 준비해야 한다고 말해준다.

돈은 정신 건강과 관련이 많기 때문에 치료를 받는 환자가 돈에 대해 어떤 태도를 가졌는지 항상 알아본다. 자기 수입이나 처지에 맞게 돈을 적절하게 쓰면 정신이 건강하다. 그렇지 않고 자기 형편에 맞지 않게 돈을 쓰면 정신이 건강하지 못하다. 돈을 형편에 맞게 쓰게 도와주는 것도 나의 할 일이다. 돈을 자신의 형편보다 많이 쓰는 환자들에게 현대그룹을 만든 정주영 씨 이야기를 해준다. 방송에서 기업가로서의 정주영 씨 인생에 대한 다큐멘터리 3부작을 본 적이 있다. 그때 정주영 씨가 한 말이 인상적이었다. 정주영 씨는 평생 힘들지 않았다고 하면서 그 이유는 항상 자기 형편보다 돈을 덜 써서 그렇다고 했다. 사람들은 "정주영 씨가 뭐 힘들었겠어. 그렇게 돈이 많았는데." 하고 말할 수 있지만 재벌이 되기 전에도 항상 힘들지 않았다고 한다. 고향인 강원도 통천을 떠나 서울에서 고생할 때 일하는 데까지 걸어 다녔다고 한다. 그 당시는 전차나 버스가 있던 시절이었다. 버스나 전차를 탈 형편인데 타지를 않고 걸어 다녔다. 자기 형편보다 좀 덜 쓴 것이다. 그런데 그 당시에도 전차나 버스 탈 형편인데 택시 타고 다닌 사람이 있었을 것이다. 그 사람은 아마도 살아가면서 어려움이 많았을 것이다.

정신병의 일종인 조증이 되면 돈을 항상 많이 쓴다. 정신적인 문제가 있는 사람이 갑자기 돈을 많이 쓴다고 하면 조증을 의심한다. 조울증인 경우 돈을 어떻게 쓰느냐가 정신적인 상태의 척도가 된다. 돈을 지나치게 아끼는 것도 정신 불건강이다. 친구를 만나고 즐겁게 놀다 와서 자기가 돈을 친구보다 많이 썼다고 생각하니 손해 봤다고 생각하고 다시는 친구를 만나지 않아야 하겠다고 생각하면 정신이 불건강한 것이다. 돈을 쓴 것은 친구와 만나서 일어난 일 중의 하나일 뿐이다. 나와 친구 사이에 일어난 일을 전체적으로 봐야 한다. 돈만 보면 시야가 좁은 것이다. 돈은 형편이 나은 사람이 쓰는 것이 좋다. 남을 위해 써놓으면 남은 그것을 고맙게 생각한다. 그것은 언젠가 어떤 형태로든지 나에게 온다. 시야가 넓어야 한다. 물론 내 형편과 맞지 않게 무리하게 쓰면 안 된다. 친구 만나 쓴 돈이 내게 무리가 되지 않는 정도라면 그 쓴 돈이 내 지갑에 있지 않다고 해서 내가 불행해지지 않는다. 요긴하게 잘 쓴 것이다. 그러면서 소비를 했으니 우리나라 경제에도 일조를 하지 않았나? 나에게 크게 해가 되지 않으면서 남을 돕는 즐거움을 우리는 알아야 한다. 이것도 인생의 큰 즐거움이다. 예를 들어 내 통장에 들어있는 얼마의 돈이 나에게 있으나 없으나 별 차이가 없지만 그것이 남에게 갔을 때 큰 도움이 된다면 그 돈을 그쪽으로 이동시키는 것도 인생을 잘 사는 길이다.

돈만 가지고 있다고 행복해지지 않는다. 행복하려면 행복하게 해주는 것을 찾아 해야 행복해진다.

누구나 흔들릴 때가 있다

　사람은 누구든지 살다보면 흔들릴 때가 있다. 직장에 다니는 사람들도 마찬가지다. '이곳이 내 평생직장이구나' 하고 딴생각 없이 열심히 다니던 사람에게도 어느 날 갑자기 회의가 찾아들 수 있다. 세상은 빠르게 변하고 사회는 그만큼 복잡해지는데 나만 구태의연하게 똑같은 일을 반복하고 있는 것이 아닌가 하는 생각이 일어난다.
　직종이나 지위 고하를 막론하고 직장인이라면 누구나 한번쯤 이런 갈등에 빠져 보았을 것이다. 특히 요즘처럼 급변하는 세상에 사는 현대인은 더욱더 그렇다. 얼마 전까지 직장 동료였던 사람이 느닷없이 자기 사업을 시작한다고 할 때, 그것도 신종 사업을 벌인다고 할 때 '과연 잘될까' 하며 고개를 갸우뚱하면서도 이내 자신을 돌아보며 나는 뭔가 너무 소심하지 않나, 라는 생각이 든다.
　직장 내에서 진급이 남보다 뒤쳐질 때도 '이대로 계속 아무런 변화

없이 눌러있어도 되는가' 하는 생각으로 머리가 복잡해지기 시작한다. 남들이 능력 없는 사람이라 수군대는 것같이 느껴지기도 한다. 동료가 좀 더 나은 직장으로 옮길 때, 월급도 더 받고, 조건도 좋게 다른 곳으로 스카우트될 때도 자기만 처지는 느낌이 든다.

이럴 때 동료들과 술이라도 마시면서 불만도 털어놓고 소리라도 마음껏 지를 수 있으면 혼자만의 고민 속으로 깊이 빠져들지는 않는다. 다른 사람들도 자기와 비슷한 고민들이 있고 힘겹게 살아가고 있다는 것을 서로 대화를 통해 느낄 수 있기 때문이다.

사실 직장에서의 스트레스나 고민, 걱정 등은 직장 동료나 주위 사람에게 툭 터놓고 이야기만 해도 어느 정도는 해소가 된다.

내가 아는 어떤 사람의 이야기다. 그가 다니던 직장에서 부하 직원이 큰 실수를 해서 해고를 당했다. 그런데 해고된 부하 직원이 이 사람을 보고 자기만 억울하게 해고되었다며 가만두지 않겠다고 전화 협박을 했다. 협박을 당한 이 사람은 결국 피해망상이 생겨 정신병원에 입원을 했다. 부하 직원은 혼자만 해고당하니 억울해서 홧김에 해본 소리일 텐데 이 사람은 그것을 누구하고도 상의하거나 대화하지 못하고 혼자 끙끙거리다 결국 병까지 나게 된 것이다.

직장인들이 많이 가는 술집은 안주가 별로 많이 필요 없다고 한다. 상사를 씹으면서 술을 마시니 그렇다는 것이다. 어쨌든 속에 있는 것을 내뱉어야 다음날 또 스트레스를 받을 수 있는 힘이 생겨난다. 그래야 인생이라는, 직장생활이라는 장거리 마라톤을 할 수 있다.

자신이 지금 선 자리에 회의가 들고 자신이 앞으로 걸어가야 할 길이 어떤 것인지 잘 모를 때, 그리고 진지하게 앞날을 생각해 보고 싶을 때 우선 조용히 자기만의 시간을 가져서 자기에게 왜 그러한 회의가 드는지 그 이유를 곰곰이 생각해 보는 것이 좋다. 직장이 적성에 안 맞아서 그럴 수도 있고, 동료나 윗사람, 아랫사람들과 문제가 생겨서 그럴 수도 있고, 다른 이유 때문일 수도 있을 것이다.

그러고 나서 직장과는 무관한 절친한 친구를 만나 자신의 마음을 있는 그대로 그 친구에게 말하고 그 사람의 이야기에 귀를 기울여 보라. 자기로서는 복잡하고 한 치 앞도 가늠할 수 없는 문제가 그 친구의 눈에는 의외로 쉬운 것으로 보일 수 있다. 집착이 없어 문제를 객관적으로 볼 수 있기 때문이다.

그런 후에 자신의 현재 위치를 다시 한 번 검토해 보고 자기를 있는 그대로 평가할 수 있도록 노력해 본다. 그리고 자기 주위의 현실을 냉철하게 보도록 한다.

정신이 건강한 사람은 조화를 찾을 줄 안다

정신 건강은 자신과 현실을 정확히 파악하여 그 속에서 조화를 찾는 것이다.

이에 반해서 인생의 괴로움은 갈등이 있을 때 온다. 갈등은 어느 한 방향으로 정리가 되지 않고 이러지도 못하고 저러지도 못할 때 생긴다.

직장 문제도 마찬가지다. 이러지도 저러지도 못할 때 괴롭다.

　나에게 치료받았던 40대 초반의 남자는 친척이 사장으로 있는 회사에 중견 간부로 근무하고 있었는데 머리가 아프고 의욕이 없고 잠이 잘 오지 않아 나를 찾아왔다. 자기에게 왜 그런 증세가 생겼는지 이유를 알 수 없다고 하여 자세히 물어보니 그럴 만한 원인이 있었다.

　이 사람은 맡은 일을 굉장히 열심히 하는 성격이어서 이전 직장에서도 굉장히 인정을 받았다. 현재 친척 회사에서도 굉장히 열심히 일하고 있는데 얼마 전 전에 일하던 회사로부터 다시 와달라는 제의를 받았다. 조건도 상당히 좋았다. 그러나 친척의 회사를 마음대로 떠날 수 없는 상황이라 그 제의를 받아들일 수 없었다. 이런 갈등이 병의 근본 원인이었다. 어느 한쪽으로 마음이 정리되지 않는 한 이 사람의 병이 완전히 낫기는 힘들다.

　이처럼 우리에게는 어느 한쪽으로 결정을 해야 되는데 그것이 안 될 때 괴로움이 일어난다. 두 가지를 다 놓치고 싶지 않은 욕심이 있을 때도 결정을 할 수가 없게 된다. 마음의 결정을 내리지 못한 상태에서 몸은 여기에 있고 머릿속은 다른 곳에 가 있으면 문제가 생기고 병이 날 수밖에 없다.

　어느 한쪽을 단념하여 결정을 내리고 자기가 내린 결정에 대하여 책임을 지는 마음이 될 때 비로소 우리의 흔들리는 마음은 안정되고 중심을 잡게 될 것이다. 그리고 이런 마음으로 하루하루 살아간다면 자기 인생의 진정한 주인이 될 것이고 주체성이 뚜렷하여 주위의 변화에 흔들리지 않을 것이다.

성적 때문에
고민인 자녀가 있다면

어떤 상황이냐에 따라 다르긴 하지만 학교 성적 스트레스 때문에 고민인 학생들이 나를 찾아오면 우선 예습을 권한다. 무조건 예습을 권하는 건 아니다. 우선 내 경험을 얘기해준다.

고대 인도어인 산스크리트어를 공부한 적이 있다. 산스크리트어는 배우기에 아주 어려운 언어다. 우선 글자부터 힘들다. 그리고 문법이 아주 복잡하다. 수도 단수, 중수, 복수가 있고 격도 8격이 있다. 수와 격마다 어미가 다 다르다. 물론 처음에 바로 성공하지는 못했다. 두 번을 실패하고 세 번째에야 배울 수 있었다. 두 번 실패 후 세 번째 성공했던 이유는 바로 예습 때문이었다. 어려운 공부일수록 예습이 필요하다. 예습의 위력을 알게 되자 초기 불교 경전 결집에 사용된 빨리어도 쉽게 배웠다.

내 경험에 의하면 예습을 하면 여러 가지 변화가 일어난다. 예습을 하기 전에는 선생님이 수업 시간에 당연히 가르쳐 줄 거라고 생각한다.

그런데 예습을 해보면 선생님이 이 내용을 어떻게 가르칠까 궁금해진다. 그리고 학교에 가고 싶어진다. 예습을 해보면 배우지 않았지만 이해가 되는 것도 있고 이해가 안 되는 것도 있다. 예습을 한 상태에서 수업을 들으면 예습을 할 때 이해가 된 것은 더 확실해지고 몰랐던 것은 풀리게 된다. 수업을 듣고도 모르면 질문을 하게 된다. 선생님과 무언의 대화가 오고간다. 수업시간이 전혀 지루하지 않다. 복습을 하는 것도 수월해진다. 학교생활이 즐거워진다. 당연히 성적도 오른다. 생기가 있어지고 자신감이 생긴다. 인상도 좋아진다. 선생님 눈에도 든다. 예습은 주로 주말에 하는 것이 좋다. 주말에 넉넉히 시간이 있을 때 하고 모자란 것은 해당 수업이 들기 바로 전날 보면 된다. 예습은 즐기면서 하는 것이 좋다. 연습 문제가 있으면 가능하면 풀어보는 것이 좋다. 철저하게 안 해도 된다. 예습을 한다는 사실이 중요하다.

내 환자 중에 외국에서 대학을 나온 학생이 있었다. 그 외국 대학에서는 강의할 내용을 미리 읽어오지 않으면 수업에 못 들어오게 한다고 했다. 예습을 시킨 것이다. 예습을 하지 않으면 수업에 들어올 준비가 안 되었다고 본 것이다. 그 대학은 예습의 중요성을 안 것이다.

이렇게 예습의 중요성을 알게 된 후에 대학원에서 한 학기 강의를 할 기회가 있었다. 그때 내 강의에 들어오는 학생들에게도 예습을 시켰다. 예습에 대한 내 경험을 이야기한 후에 수업을 하기 전에 배울 내용을 미리 읽어오라고 했다. 그 대신 학생들에게 부담을 줄여주기 위해 예습을 하는 대신에 시험은 치지 않겠다고 했다. 수업 시간에 열심히 참여하는 것을 보고 점수를 주겠다고 했다. 사심에 입각하지 않고 학생들을 열심히 살펴서 점수를 주겠다고 했다. 수업을 시작하기 전에 간단히 리포트를 내라고 했다. 세 가지 항목으로 리포트를 작성하면 된다고 했다. 첫 번째는 다 읽었는지 아니면 어디까지 읽었는지를 적으라고 했다. 두 번째는 읽고 이해가 되었는지 아니면 어떤 게 이해가 안 되었는지를 간단히 적으라고 했다. 세 번째는 질문할 내용이나 수업 시간에 같이 나누고 싶은 내용이 있으면 적으라고 했다. 물론 대학원 수업이고 세미나 수업이니까 이런 것이 가능했다. 그렇게 한 학기 강의를 마쳤다. 나도 만족스러웠지만 학생들에게도 큰 도움이 되었으리라 확신한다.

예습이 인생을 바꾼다

돌이켜 보니, 예습이 내 인생에 큰 영향을 준 일은 산스크리트어 공부 이전에도 있었다. 그런데 그 사실을 그 당시는 모르고 있었다. 나는 정신과 의사가 되어 정신 치료를 하고 불교 공부, 수행을 하고 난 뒤에 과거에 나에게 일어났던 일의 의미를 알게 된 것이 좀 있다. 그중의 하나가 수학에 대한 오해였다. 나는 내가 수학에는 소질이 없다고 생각했다. 내가 수학을 못하는 것은 타고난 것이라고 생각했다. 중학교, 고등학교 다닐 때 수학을 못했고 아무리 열심히 해도 성적이 오르는 데 한계가 있었다. 반에서 몇 등 이상은 해본 적이 없다. 다른 과목을 아무리 열심히 해도 수학 성적이 안 좋으면 평균 성적이 어느 수준 이상 나올 수 없었다. 수학이 내 발목을 잡고 있다는 생각을 했다. 내가 학교를 다닐 때는 중학교도 시험을 쳐서 들어갔고 고등학교도 시험을 쳐서 들어갔다. 초등학교 때는 어려운 과목이 없었는데 중학교 들어가고부터 수학이 어려웠다. 그 당시에는 초등학교에서는 산수라고 하고 중학교부터 수학이라고 해서 수준 차이가 많았다. 수학은 중학교에 가서 처음 배웠다. 그 당시 처음 배우는 수학이 어려울 때 자동적으로 '나는 수학에 소질이 없어. 나는 수학을 못하는 애야' 하고 나 자신을 단정 지었다. 그러고는 내가 왜 수학을 못하는지, 수학을 잘하려면 어떻게 해야 하는지 연구도 하지 않았고 주위의 도움도 많지 않았다. 사실 그 당시는 1960년대 후반이라 우리나라가 살기에 어려운 시절이어서 주위로부터 도움을 받기도 쉽지 않았다. 요즘 같으면 상황이 달랐을 것이다. 고등학교에 가서도 상황은 달라지지 않았다. 다행히 다른 과목은 열심히 하고 수학도 기출문제를 철저히 풀어 고등학교 입시는 무난히 통과했다. 하지만 고등학교에 가서도 반에서 몇 등 이상은 하지 못했다. 그렇게 해서 대학까지 들어갔다. 그러나 수학은 언제나 풀리지 않은 문제처럼 나에게 숙제로 남아있었다. 심지어 결혼을 해서 아이들이 나를 닮아 수학을 못하면 어떻게 하나 하는 막연한 걱정을 했다. 아이들에게 수학이 어렵지 않느냐 하고 물어보면 전혀 어렵지 않다고 대답해서 다행이기는 했지만 좀 이상하다는 생각을 했다. 딸은 수학을 아주 잘해서 '이상하다. 나를 닮지 않았나?' 하는 생각도 했다.

이렇게 평생을 생각했는데 어느 날 이 문제에 대한 의문이 풀렸다. 불현듯 떠올랐다. 내가 수학을 못한 것은 예습 때문이었다. 영어를 잘 한 것은 영어를 예습한 결과였다. 지금도 생생히 기억이 나는 것은 내 친구와 둘이서 영어 공부 책을 중학교에 들어가기 전에 공부한 것이다. 그 친구 이름도 기억이 나고 그 영어 책 이름도 기억이 난다. 어떤 내용이었는지도 기억이 난다. 그 당시 중학교 입학시험을 치고 난 뒤 중학교에 입학하기 전까지 대략 두 달 정도 시간이 있었는데, 어떻게 해서 그 영어 책을 구하게 되었는지는 기억이 나지 않지만, 그것을 가지고 열심히 재밌게 공부했던 기억이 난다. 그런데 수학은 전혀 그런 준비 없이 중학교에 들어갔다. 그러니 영어는 쉽고 재밌는데 수학은 어려울 수밖에 없었던 것이다. 만약 내가 수학은 예습을 하고 영어는 예습을 안 했으면 내가 이렇게 생각했을 수도 있다. '수학은 초등학교 때 산수를 했으니 조금 어렵긴 해도 할 만한데 영어는 처음 배우는 것이라 나에게는 안 맞아. 나는 외국어에 소질이 없어' 물론 둘 다 예습을 안 했으면 둘 다 못했을 수도 있다.

예습은 이렇게 인생을 바꿀 수도 있다. 우리는 예습을 재미없는 것으로 생각한다. 그러나 지금까지 말한 것처럼 우리에게 큰 영향을 주고 살아가는 것을 재미있게 만들 수 있다. 우리가 주로 해야 하는 일이 재미가 없다면 사는 것이 참 피곤하다. 나는 정신과 의사인데 환자 보는 것이 싫다면 내 인생이 얼마나 피곤해지겠는가? 그처럼 학생은 주로 하는 일이 공부인데, 말하자면 직업이 학생인데 공부가 재미없으면 인생이 피곤해진다. 공부를 재미있게 할 수 있는 일이 예습이다.

학습과 관련되어 또 하나 생각나는 것은 중학교, 고등학교 동창생 이야기다. 이 친구는 공부를 아주 잘했다. 항상 전교에서 1등이었는데, 2등과 격차가 크게 나는 1등이었다. 중, 고등학교 내내 그 성적을 유지했고 대학에 들어갈 때도 최고의 성적으로 들어갔다. 중학교 2학년 때 이 친구와 같은 반이었는데 키가 비슷하여 자리가 가까이 있었다. 쉬는 시간에 밖으로 나가면서 얼핏 보니 사회 시간이 끝났는데 사회 공책에 영어가 잔뜩 적혀 있었다. 그 당시는 왜 사회 공책에 영어가 적혀 있지 하며 이상하다는 생각만 했다. 그 뒤에 의문이 풀렸다. 그 친구도 하루 24시간이 있고 우리도 24시간이 있다. 그런데 그 친구는 공부를 탁월하게 잘 했다. 이유가 있었다. 사회 공책에 영어가 잔뜩 적혀 있는 것이 그 비결 중 하나였다. 아마도 이 친구는 사회 시간에 영어 시간에 배운 것을 복습했을 것이다. 사회를 영어로 society로 적으면서 따로 영어를 복습할 필요가 없게 그 시간에 영어 복습을 했을 것이다. 아마도 여러 과목을 서로 유기적으로 연결해서 효과적으로 공부했을 가능성이 크다. 몇 년 전에 고등학교 졸업 30주년 기념 홈커밍데이에 가서 이 친구에게 이것에 대해서 물어보았는데 기억이 안 난다고 했다. 그 친구에게는 특별한 일이 아니어서 기억이 안 났을 것이다. 공부를 잘하려면 공부를 잘 할 수 있게끔 연구를 하거나 주위에 공부를 잘하는 사람이 어떻게 하는지를 보고 배워야 한다. 예습도 그 한 방법이다.

4부‥ 인생을‥ 보다‥

나는 누구를
가장 사랑할까

　2003년 여름 한 달을 미얀마 양곤에 있는 명상센터에 머무른 적이 있었다. 그때 거기서 같이 수행하던 한국 스님이 하루는 차를 같이 하면서 나에게 "누구를 가장 사랑합니까?" 하고 물었다. 잠시 생각한 후에 아내인지 어머니인지 분명하지가 않다고 하니 스님이 "아마 아닐걸요. 잘 생각해보세요." 하며 "자기가 가장 사랑하는 사람은 자기 자신"이라고 말했다. 가만히 생각해보니 사실이 그런 것 같았다.

　불교 경전에도 이와 같은 내용이 나온다. 붓다가 인도에서 활동할 당시에는 16개국 정도의 큰 나라들이 있었지만 그중에서도 북쪽의 꼬살라와 중부 지방의 마가다가 가장 컸다. 붓다는 주로 이 두 나라를 무대로 활동을 했다.

　꼬살라의 왕인 빠세나디가 하루는 높은 누각에 왕비인 말리까와 함께 서서 왕비에게 "말리까여, 그대에게 그대 자신보다 더 사랑스러운 사람이 있소?" 하고 물어보았다. 왕은 내심 왕비가 자기를 말하지 않을까 하는 기대감을 가지고 있었는지 모르겠다. 왕비는 "대왕이시여, 나에게 나 자신보다 더 사랑스러운 사람은 없습니다. 대왕이시여, 전하께서는 자신보다 더 사랑스러운 사람이 있습니까?"라고 물었다. 이에 왕은 이렇게 말한다. "말리까여, 나에게도 나 자신보다 더 사랑스러운 사람은 없소."

　이런 대화를 나눈 후에 빠세나디 왕은 붓다가 계신 곳으로 갔다. 아마 미진한 것이 있어서인지 아니면 의미 있는 대화를 나눈 후에 붓다가 생각나서인지 붓다를 찾아갔다. 빠세나디 왕과 붓다는 태어난 날이 같았다. 왕은 평생 붓다를 후원하면서 자주 찾아뵙고 가르침을 받았다. 붓다를 찾아가서는 왕비와 둘이서 나눈 이야기를 했다. 그 이야기를 듣고 나서 붓다는 다음의 시로써 두 사람에게 가르침을 주었다.

　　마음이 세상 어느 곳을 찾아다녀도
　　자기보다 더 사랑스러운 사람을 찾지 못하듯,
　　다른 사람에게도 그 자신은 사랑스러우니
　　자신을 위해 남을 해쳐서는 안 되리.
　　(『말리까의 경』, 상윳따니까야 1권 275~276쪽)

자신을 진정 사랑하는 사람

　자신만큼 소중한 존재는 없다. 그래서 사람들은 자신을 사랑한다고 당연히 생각하지만 실제로는 그렇지 않다. 자신을 실제로 사랑하느냐 아니냐는 중요하다. 자신을 실제로 사랑하는 사람은 자신을 아끼고 자신의 능력을 개발하게 되고 자신에게 도움이 되는 것을 찾아서 하고, 해가 되는 일은 하지 않는다. 남이 안 좋게 보는 것도 원치 않는다.

그러나 자신을 사랑하지 않으면 자신을 아끼지 않고 자신을 함부로 하게 된다. 자신에게 진정으로 무엇이 필요하고 도움이 되는지 보려고 하지 않는다. 자신에게 손해되는 일을 아무렇게나 하게 된다. 자신이 나쁜 상태에 빠지는 것을 당연하게 생각한다. 남이 나를 어떻게 대하든지 개의치 않는다.

그리고 무엇보다 중요한 것은 자신을 사랑하는 사람은 자신에게 자신이 소중한 것처럼 남에게도 그 자신이 소중하다는 것을 안다. 좀 전에 인용한 붓다의 말처럼 자신을 진정으로 사랑하는 사람은 남도 진정으로 사랑할 수 있다. 자신을 사랑하지 않고 자신을 함부로 하는 사람은 남도 사랑하지 않고 남에게도 함부로 한다. 이렇게 되면 인간관계가 나빠지게 된다. 인간관계가 나쁘면 아무것도 되는 일이 없다.

그러면 우리는 어떻게 우리를 사랑해야 진정으로 사랑하는 것일까? 이에 대해 경전에 좀 전에 등장했던 빠세나디 왕이 붓다에게 자신이 생각한 것을 이야기하는 대목이 있다.

"세존이시여, 제가 한적한 곳에서 홀로 고요히 명상하는데 다음과 같은 생각이 떠올랐습니다. '누가 자기 자신을 사랑스러운 사람으로 여기는 사람이고, 누가 자기 자신을 미워하는 사람처럼 대하는 사람일까?' 세존이시여, 어떤 사람이든지 나쁜 행위를 하고 나쁜 말을 하고 나쁜 생각을 하면 그들은 자기 자신을 사랑스러운 사람으로 대하지 않는 것입니다. 그들이 말로는 자기 자신을 사랑스럽게 여긴다고 해도 그들은 자신을 미워하는 사람으로 대하는 것입니다. 그 이유는 그들은 미워하는 사람들이 서로에게 행하는 것처럼 자기 자신에게 그렇게 하기 때문입니다.

세존이시여, 어떤 사람이든지 좋은 행위를 하고 좋은 말을 하고 좋은 생각을 하면 이것은 자기 자신을 사랑스러운 사람으로 대하는 것입니다. 그들이 말로는 자신을 사랑스러운 사람으로 대하지 않고 있다하더라도 그들은 자신을 사랑스러운 사람으로 대하는 것입니다. 그 이유는 그들은 사랑하는 사람들이 서로에게 하는 것처럼 자기 자신에게 그렇게 하기 때문입니다."

왕의 말을 듣고 붓다는 왕의 말을 그대로 반복하면서 그렇다고 인정한다. 그리고 나서 시로써 다음과 같이 말한다.

자신이 사랑스럽다고 알면
자신을 악한 행위에 묶어 두지 마라.
악한 행위를 하는 사람은
행복을 얻기 어렵다.
(『사랑스런 사람 경』, 상윳따니까야 1권 268~271쪽)

정신이 건강한 사람은 자기에게 도움이 되는 것을 한다. 정신이 건강하지 못한 사람은 자기에게 손해 보는 일을 한다. 남에게 손해를 입히는 것은 자신에게 도움이 되지 않는 것이다. 남에게 도움을 주면 나에게 좋은 일이 생긴다. 그래서 자기를 진정으로 사랑하는 사람은 남을 돕는다. 남을 돕는 즐거움을 안다.

조건이 있다면
진정한 자유와 행복이 아니다

　우리는 누구나 자유와 행복을 추구한다. 자유와 행복 없인 살아가기 어렵다. 자유와 관련되어 20년 전에 어떤 사람에게서 들은 말이 생각난다. 그렇게 가까운 사이도 아니고 나보다 꽤 나이도 많은 분인데 이분이 하루는 나에게 이런 말을 했다. 중국에서 손님이 왔는데 한국에 와보니 길거리에 거지가 있다며 한국이 잘살긴 하지만 거지가 있는 것을 보니 문제가 있다는 것을 지적하더라는 것이다. 지금은 중국이 많이 발전하였지만 그 당시 중국은 아주 못 살았고 우리나라는 경제적으로 중국에 비해 발전한 상황이었다. 그런 상황에서 우리나라가 발전은 했지만 빈부의 차이가 있고 그에 비하면 중국은 못 살긴 하지만 거지는 없다는 뜻이었다. 그때 그분이 중국 사람에게 "우리나라에는 거지를 할 자유도 있어요." 하고 대답했다고 한다. 중국에는 우리 인간에게 가장 중요한 자유가 없는 것을 꼬집은 것이다. 지금도 가끔 이 말이 생각난다. 사람에게 자유만큼 소중한 것은 없다.

　자유만큼 행복도 중요하다. 우리들이 열심히 살아가는 것은 이 둘을 얻기 위해서라고 해도 틀린 말은 아니다. 그런데 사람들을 보면 자유와 행복을 추구하는 것은 사실인데 한계가 있다. 우리가 자유와 행복을 느끼는 것을 보면 주로 몇 가지 경우가 있다. 돈이 있을 때 자유롭다고 느끼고 행복을 느낀다. 건강할 때 자유롭다고 느끼고 행복을 느낀다. 일을 할 때 잘되면 자유롭다고 느끼고 행복을 느낀다. 연예인이면 인기가 있을 때 행복을 느낀다. 그러나 그렇지 않을 때는 자유롭지 않고 행복하지 않다고 느낀다. 다시 말해 돈이 없으면 자유롭지 못하고 행복하지 못하다. 물론 자유와 행복에 영향을 미치는 다른 조건들도 많이 있다. 친구가 있고 사랑이 있다.

　어떤 조건이 될 때만 자유롭고 행복하고 그렇지 않을 때는 자유롭지 않고 행복하지 않으면, 나는 이러한 자유와 행복을 조건적인 자유와 행복이라고 부른다. 돈, 건강, 일, 인기라는 조건이 있으면 자유와 행복을 느끼지만 그것이 없으면 자유와 행복을 느끼지 못한다. 조건적인 자유와 행복은 그야말로 조건이 될 때만 자유와 행복이 보장된다. 조건에 조금만 차질이 생겨도 안 된다.

　얼마 전 텔레비전에서 소설가 이외수 씨가 가수 김태원 씨와 함께 요즘 힘든 젊은 사람들을 대상으로 한 청춘 콘서트에 참여한 것을 봤다. 두 사람은 젊은이들에게 "인간의 역사에서 생로병사, 희로애락을 피한 사람은 없었다. 그러니 그것과 함께 갈 생각을 하라."는 이야기를 했다. 그저럼 아무리 성공한 사업가도 돈이 어려울 때가 있고 인기가 있는 톱스타도 인기의 부침이 있다. 이 말은 조건적인 자유와 행복을 추구하는 한 자유와 행복을 느끼지 못하는 상황이 온다는 것이다.

나는 어떻게 하면 이 조건에서 벗어나 어떠한 경우에도 자유와 행복을 느끼는 상태가 될 수 있나 하는 것을 한 5년 전부터 생각했다. 이런 생각을 하게 된 계기는 『탁발 음식의 경』(상윳따니까야 제1권 354~355쪽)의 한 대목을 보면서부터다. 이 경전을 보면 악마 빠삐만이 붓다가 탁발을 못하도록 사람들에게 영향을 주었다. 그런 후에 붓다에게 다가가 "사문이여, 탁발 음식을 얻었는가?" 하고 물었다. "빠삐만이여, 내가 탁발 음식을 얻지 못하도록 그대가 하지 않았는가?" 하고 붓다가 대답하니 빠삐만이 "그러면 존자여, 그대는 다시 마을로 가라. 내가 그대가 탁발 음식을 얻을 수 있도록 하겠다." 하였다. 이에 대해 붓다는 게송으로 대답하였다.

" … 아무것도 갖고 있지 않지만 우리는 참으로 행복하게 살고 있네…."

붓다와 붓다의 제자가 추구하고 그렇게 살고 있는 경지가 바로 무조건적인 자유와 행복의 상태가 아닐까 하는 생각을 하게 되었다. 그래서 나도 이러한 상태를 얻기 위해 노력해야 하겠다는 생각을 하게 되었다.

그러면 이러한 상태를 어떻게 얻을 수 있을까. 만약 이 상태를 얻을 수 있다면 무조건적인 자유와 행복이란 이름을 붙일 수 있다. 앞서 말한 경전에서 붓다는 그런 탁발 음식에 흔들리지 않는 경지를 얻어 탁발 음식이 아닌 것에서 행복을 느꼈을 것이다. 그러나 우리가 세속 생활을 하면서 그런 경지를 얻는 것은 힘들다. 세속에 살면서 어떻게 하면 그런 상태가 될 수 있을까? 내 나름대로 찾은 해답은 다음과 같다. 나는 그렇게 하려고 노력한다. 몇 년을 계속 시도하니 이제는 어느 정도 된다.

먼저 건강의 경우를 보자. 건강할 때는 자유롭게 활동하고 행복을 느끼면 된다. 문제는 건강하지 않을 때다. 이때 보통 사람은 자유롭지도 않고 행복하지도 않다. 건강하지 않을 때 자유롭고 행복을 느끼면 된다. 어떻게 건강하지 못할 때 건강하고 자유롭게 느낄 수 있을까? 내가 이런 이야기를 친척에게 했더니 말도 안 되는 이야기라는 눈치다. 정신과 의사로서 환자를 보고 불교 수행하더니 이상해졌다고 생각하는 것 같다. 그러나 평소의 나를 잘 아니 뭔가 있긴 있을 것이다 하고 생각하는 것도 같다.

무조건적인 자유와 행복을 추구하는 것이 불가능한 것은 아니다. 불가능하다면 우선 나부터 엄두를 못 내었을 것이다. 나는 결코 특별한 사람이 아니다. 내가 되면 다른 사람도 된다. 다만 생각의 전환이 필요하다.

아까 말한 대로 건강하지 않을 때 자유로움을 느끼고 행복을 느끼면 된다. 어떻게 하면 그렇게 될까? 내가 찾은 길은 이것이다. 건강하지 않을 때 좋은 점을 찾으면 된다. 그것만 찾게 되면 그 좋은 점을 즐기면 된다. 건강하지 않을 때 좋은 점을 발견하면 건강하지 않은 것을 굳이 환영하지 않을 이유가 없다. 건강할 때는 건강해서 좋은 점을 누리면 되고 건강하지 않을 때는 건강하지 않을 때 즐길 수 있는 것을 즐기면 된다. 다만 문제는 건강하지 않을 때 좋은 점을 찾을 수 있어야 한다. 그래야 건강하지 않을 때를 환영할 수 있다. 건강할 때 좋은 점은 다 안다. 그것은 어렵지 않다. 우리 사회가 건강 위주의 사회이기 때문이다. 그래서 건강하지 못한 것은 나쁜 것만 있다고 생각하고 아예 보고 싶어 하지 않는다. 그러나 건강하지 않을 때 좋은 점을 잘 찾아보면 분명히 찾을 수 있다. 일단 그것부터 찾고 정말 그것을 즐길 수 있는지 해보고, 되면 앞으로 그렇게 살면 된다. 그러면 조건적인 자유와 행복의 모드에서 무조건적인 자유와 행복의 모드로 바뀌는 것이다.

아픔이 나에게 일깨워 주는 것

건강하지 않을 때 좋은 점은 사람마다 다를 것이다. 이제 내가 찾은 건강하지 못할 때의 좋은 점을 말해보겠다. 먼저 건강하지 못할 때는 그럴만한 이유가 있다. 어떤 일이 우리에게 일어나든 그것은 필연적인 결과다. 내 몸속에서 벌어지는 일을 내가 모르지만 어쨌든 원인과 결과에 따라 그런 결과가 온 것이다. 이것을 받아들이는 마음을 훈련하는 것은 나에게 좋은 것이고 이렇게 중요한 것을 훈련하게 해준 기회를 준 건강하지 못한 상태가 고맙다. 건강하다면 이런 생각을 하기 어렵다. 따라서 이것도 건강하지 못하기 때문에 일어난 좋은 점이라고 볼 수 있다.

몸은 내가 준대로 받고 내가 행동하는 대로 따라한다. 그것에 문제가 있다 보니 이상이 온 것이다. 고칠 수 있는 좋은 기회다. 물론 몸을 잘 써서 문제가 없으면 더 좋지만 잘못 썼을 때 잘못을 알고 고친다면, 그리고 앞으로는 그것을 반복하지 않는다면 앞으로 더 좋아질 수 있다. 잘못된 것을 고칠 수 있으니 이것도 좋은 점이다.

그 다음으로 생각할 수 있는 것은 '몸이 내 말 안 듣는다'는 것을 아는 것이다. 건강할 때는 몸이 내 말을 듣는다고 생각하는데 아프면 몸이 내 말을 안 듣는다는 것을 확실히 알게 된다. 그런데 사실은 몸이 건강하고 좋을 때도 몸은 내 말을 안 듣고 몸의 상태에 따라 움직여왔다. 그런데 건강해서 잘 돌아가니 내 말을 잘 듣는 것으로 생각하는 것이다. 건강이 좋지 않은 때는 이러한 사실을 깨달을 수 있는 좋은 기회다. 정신도 마찬가지다. 정신이 건강할 때는 우리 마음대로 정신을 쓴다고 생각한다. 정신에 문제가 생기면 내가 원하지 않는데 이상한 현상이 정신에 일어난다. 그것을 반복해서 경험하다 보면 정신이 건강하든 건강하지 않든 내 말을 안 듣는다는 것을 알게 된다. 정신과 환자들은 정신이 자신의 말을 안 듣는다는 것을 누구보다도 잘 안다.

우리가 우리 것이라고 생각한 몸과 마음은 본질적으로 볼 때는 주어진 조건에 따라 순간순간 작용해 온 것이다. 이렇게 아플 때가 몸과 마음의 본질을 볼 수 있는 절호의 기회다. 아플 때 그런 사실을 알았다가 안 아플 때는 잊어버렸다면 아픈 것은 그것을 다시 상기시켜주는 좋은 기회다. 이것도 아플 때 일어나는 분명히 좋은 점이다.

또 생각해 볼 수 있는 좋은 점은 아플 때 건강이 소중하다는 것을 깨달을 수 있다는 점이다. 건강할 때는 건강한 것을 당연하게 생각할 수 있다. 건강은 당연한 것이 아니라 축복인데 건강의 소중함을 잘 모를 수 있다. 그것을 아픈 것이 일깨워준다. 이것도 좋은 점이다. 고등학교 때 유사

장티푸스를 앓아 한 달 가까이 고생한 적이 있었다. 그때 친구들이 병문안을 왔는데 자유롭게 다니는 그 친구들이 그렇게 부러울 수가 없었고 몸이 좀 나아 밖에 나갔을 때 햇살이 눈부시게 아름다웠던 기억이 있다.

그리고 아프면 우리의 삶이 유한하고 언젠가 죽는다는 것도 안다. 만약 아프지 않으면 죽음을 잊어버리고 살 것이다. 아픈 것은 우리가 언젠가 죽는다는 사실을 일깨워준다. 그래서 시간을 소중하게 쓰게 한다. 요즘 연세가 좀 있는 분들은 암이 축복이라는 이야기도 한다. 물론 현대의학이 발전하여 암으로 이제 죽지 않으니 암을 겪으면서 많은 것을 느끼고, 배우고, 배우자 관계가 나아지고, 시간을 소중히 아껴 쓰는 것을 배우는 데서 나온 말일 것이다. 사실 나도 이제 적은 나이는 아니다. 그래서 주위에서 친구들이나 동창들, 친척들이 암 진단을 받는다. 나는 암에 대해서는 이런 생각을 했다. '암이 오면 좀 더 나에게 시간을 아껴서 쓰게 되겠지. 지금의 몇 배로 아껴 쓴다면 그것도 좋은 일일 것이다' 하며 '암이 걸리면 어떻게 하지?' 하는 생각은 안 한다. 막상 암이 나에게 오면 어떨지는 모르겠다.

건강하지 않을 때 좋은 점을 열거한다고 하면 더 찾을 수 있을 것이다. 어쨌든 이렇게 건강하지 않을 때 좋은 점을 찾고 그것을 향유하는 쪽으로 모드를 전환하게 되면 건강하지 않다고 해서 내가 우울하고 의기소침해지고 불행해지지 않을 것이다.

돈도 마찬가지다. 돈이 있을 때는 돈을 잘 이용하여 인생이 자유롭고 행복하도록 하면 된다. 돈이 없을 때 좋은 점을 찾을 수 있다면 더 이상

나를 자유롭지 못하고 행복하게 하지 못하는 조건이 되지 않는다. 돈이 없을 때 먼저 생각해볼 수 있는 좋은 점은 시간이 많은 것이다. 돈을 벌려면 시간을 투자해야 한다. 돈이 없다는 것은 돈을 못 번다는 것인데 그러면 돈 버는데 쓰는 시간이 줄어들어 내가 쓸 수 있는 시간이 많아진다. 그 시간으로 내가 원하는 것을 할 수 있다. 우리 인생에서 가장 중요한 것은 시간이다. 시간은 모든 것을 가능하게 한다. 그렇게 소중한 시간이 많아진다는 것은 좋은 일이다. 그 다음으로 생각해볼 수 있는 것은 돈이 모자라면 돈이 있을 때 그 가치와 재미나 맛을 모르던 것들을 다시 느낄 수 있다. 음식 같으면 더 맛있어진다. 이처럼 돈이 없을 때 좋은 점을 찾으면 건강하지 못할 때처럼 많은 것을 찾을 수 있다. 그것은 개인에 따라 다를 것이다.

의사인 내 경우에는 환자가 오면 오는 대로 환자를 봐서 좋고 안 오면 안 오는 대로 내가 하고 싶은 일을 할 수 있어서 좋다.

이렇게 어떤 경우든지 그것이 있을 때와 없을 때 각각 좋은 점을 찾을 수 있다면 언제라도 자유롭고 행복할 수 있다.

비교에서
벗어나자

　우리는 사람들을 볼 때 그 사람과 우리를 의식적이든 무의식적이든 비교한다. 비교는 흔히 두 가지인 줄 아는데 세 가지다. '나보다 낫다', '못하다', 그리고 '같다'이다. 사람들은 낫다, 못하다 하는 것만 비교인 줄 안다. 그러나 같다도 비교다. 엄밀한 의미로 같은 것은 없다. 다르다. 그런데 비교의 결과 같다고 생각하는 것이다. 세 가지 비교는 다 감정적인 반응을 수반한다. 내가 남보다 낫다고 생각하면 기분이 좋고 여유도 생긴다. 내가 남보다 못하다고 생각하면 움츠러들고 기분이 나쁘고 기가 죽는다. 같다고 생각하면 안심이 되기도 하고 때로 기분이 나쁘기도 하다. 같아서 안 될 사람이 같다고 생각하면 기분이 나쁘고 뭔가 조치를 취해야 할 것 같다.

　사람들은 비교가 당연하다고 생각한다. 생활의 활력소로 생각하는 사람도 있다. 비교하기 위해 살아간다고 해도 과언이 아닐 수 있다. 비교가 없는 것을 상상할 수 없다. 마치 공기처럼 자동으로 일어난다. 비교가 없으면 사는 재미가 없다고 생각한다. 그러나 비교는 괴로움을 가져다준다. 그리고 실제를 못 보게 한다. 실제를 보지 않기 때문에 또는 실제를 못 보기 때문에 비교를 하게 된다. 우리가 진정으로 편안하고 행복하려면 비교가 없어져야 한다. 비교가 있는 한 언제나 힘들어질 수 있다. 그리고 비교는 알게 모르게 장애를 가져온다. 비교에 취해서 산다고 볼 수 있다. 비교에서 벗어난 삶을 살아가는 것은 중요하다.

그러면 어떻게 비교에서 벗어날 수 있을까? 먼저 비교가 어떤 조건에서 일어나는지를 보자. 그것을 보면 비교에서 벗어날 길도 보인다. 우리는 언젠가부터 자동으로 비교를 한다. 비교를 하는 조건이 우리 속에 있다. 그것을 인식하고 비교를 하는 조건을 우리 속에서 없애면 자동으로 비교를 안 할 수 있다.

비교가 일어나는 조건

비교는 두 가지 조건 속에서 일어난다. 첫째는 비교는 나를 기준으로 일어난다. 내가 남과의 기준점이 된다. 나보다 크다, 작다, 많다, 적다는 판단이 일어난다. 둘째는 비교를 위해 많은 것 중에 하나를 취하거나 고정하여 어떤 것을 취하는 것이 일어난다. 먼저 많은 것 중에 하나를 취하는 것을 보자. 비교할 때 모든 것을 다 비교하지는 않는다. 비교하는 어느 하나를 취한다. 자기가 비교하고 싶은 것만 취해서 비교한다. 그러면 '너는 왜 그것만 비교하고 다른 것은 안 하니' 하고 남들이 반박한다.

다음으로 고정시켜 취한 것만 비교에 동원된다. 실제를 보면 고정이 없고 모든 것은 진행 중이다. 순간순간 변하고 있다. 그런데 어떤 것을 고정시켜 취하는 것이다. 만약 현재 직위가 비교의 대상이 되면 그 직위만 있다. 그 직위에 오르기까지의 과정과 그 직위를 유지하기 위한 노력은 비교 대상에 들지 않는다. 타고 다니는 차면 차 종류만 비교의 대상이 된다. 그 차를 구입하기까지 과정은 없다.

내가 기준이 되는 것과 많은 것 중에 어느 하나를 취하는 것 그리고 어떤 상태를 고정 시키는 것, 이 두 가지를 비교는 필요로 한다. 이 둘이 없으면 비교는 일어나지 않는다. 내가 기준이 되지 않고 많은 것 중에서 하나를 취하거나 어떤 상태를 고정시켜 취하지 않고 어떻게 비교를 할 수 있나.

비교에서 벗어나려면 이 두 가지를 없애면 된다. 하나는 내가 기준이 되지 않으면 된다. 나와 관계없이 상대를 보면 된다. 내가 없이 상대만 있으면 된다. 남을 보는 순간 내가 없다고 상상하는 것도 하나의 방법이다. 오로지 상대방만 본다. 그러면 상대가 잘 보인다. 내가 문제다. 나라는 잣대로 재면 비교라는 결과가 나타난다.

두 번째는 어느 하나를 취하지 않고 전체를 보거나 어떤 상태를 고정시키지 말고 과정으로 보면 비교가 설 자리가 없어진다. 현재 어떤 상태가 벌어질 때는 그만한 이유가 있다. 그 과정이 있다. 그걸 보면 왜 그런 일이 벌어졌는지 알 수 있다. 남에게 왜 그런 일이 있고 나에게 있는 일이 왜 있는지 알게 된다. 앞으로 어떤 일이 있으려면 어떻게 해야 하는지 알 수 있다. 지혜가 생긴다. 여유가 생기고 너그러운 마음이 된다. 남의 어떤 모습의 진정한 가치를 알게 되고, 같이 기뻐하게 되고, 같이 나누게 된다. 남에게 안 좋은 일이 있으면 기뻐하기보다는 같이 의논하게 된다. 이런 마음이 될 때 비교로 인한 마음의 고통은 없어진다. 비교에 가려져 실상을 못 보는 것도 없어진다.

그래서 불교 경전에서는 비교를 없애라는 붓다의 말이 여러 군데에서 나온다. 특히 초기 경전으로 분류되는 『숫따니빳따』에 비교에 대한 언급이 자주 나온다. 그중의 한 경의 내용이 다음과 같다. 붓다가 말하기를 "사람이 '같다' 하든가 '낫다' 하든가 '못하다'라고 생각한다면, 그는 그 때문에 다툴 것입니다. 그러나 이 세 가지에 대해 흔들리지 않는다면, 그에게는 '같다' 하든가 '낫다'라고 하는 것이 없습니다."(『숫따니빳따』「마간디야에 대한 설법의 경」, 422쪽, 전재성 번역, 한국빠알리성전협회) 붓다의 눈으로 볼 때 비교는 실상을 보지 못하는 무지에서 여러 가지 감정들이 작용하는 번뇌가 있는 상태로 보였을 것이다. 그리고 인간으로 태어나 유한한 시간에 해야 할 일이 많은데 비교에 빠져서 해야 할 일을 안 하는 것이 안타까웠을 것이다.

비교는 경쟁심을 불러일으킨다. 경쟁심이 있으면 즐기지를 못한다. 힘이 들고 지친다. 과정을 중시하지 않고 결과만 생각한다. 무슨 일을 하든지 의미가 있는데 그 의미를 찾지 못한다. 무슨 일을 하든지 그만큼 경험하고 인생이 풍부해지는데 그것을 알지 못한다. 인생은 마라톤이다. 긴

마라톤에서 지쳐서 경기를 포기해야 한다.

　비교는 실제를 보지 못하게 한다. 가까운 사람이 잘되면 나에게 좋은 일이 생기는데 그걸 보지 못한다. 친척이나 친구가 잘되면 기분 좋고 축하해주기보다는 그 사람은 잘되는데 나는 뭐냐 하고 자신의 신세를 한탄하는 사람들이 있다. 이런 사람이 많다. 남의 성공을 진정으로 기뻐하고 축하해주는 마음을 보내는 사람이 많지 않다. 이런 사람들의 마음에는 비교의 마음이 들어있다. 비교의 마음이 없어져 실제를 보면 남의 성공이 나에게 미치는 영향을 보고 기뻐서 축하하게 된다.

　가까운 사람이 성공하고 잘되면 나에게 어떤 일이 벌어지는지 잘 보자. 나에게 좋은 일이 여러 가지가 일어난다. 먼저 내가 그런 사람을 안다는 것 자체가 나를 올리는 일이다. 못하는 사람을 아는 것보다 잘하는 사람을 아는 것도 내 능력이다. 내 친구가 또는 내 친척이 잘되었다는 것은 자랑스러운 일이다. 그 사람들이 나를 빛내준다. 그러니 고맙고 잘 된 일이다.

　두 번째로 좋은 것은 능력 있고 성공하고 잘하는 사람이 가까이 있으면 중요한 정보를 얻을 수 있다. 필요한 정보를 그 사람들로부터 얻을 수 있다. 내가 궁금한 것을 직접 물어볼 수 있다.

　세 번째는 그 사람들을 잘 보면 어떻게 하면 성공하는지를 알 수 있다. 내 약점을 점검할 수도 있다. 성공한 사람들은 성공에 대한 그들만의 노하우가 있다. 그것을 배울 수 있다.

　네 번째는 잘된 사람에게는 여러 가지 도움을 받을 수 있다. 밥이라도 한 끼 얻어먹을 수 있다. 그 사람들은 넉넉하니까 뭘 나누어 줄 수 있다. 적어도 내가 도와주지는 않아도 된다. 이런 관점에서 보면 우리 속담이 잘못되었다. '사촌이 땅을 사면 배가 아프다'고 하는데 '사촌이 땅을 사면 밥이라도 한 끼 생긴다'로 바꾸어야 한다. 기존의 속담으로 인해 우리는 주위 사람이 잘되면 당연히 기분이 안 좋은 것으로 생각하는데 그것은 무지와 감정이 작용한 잘못 된 것이다. 우리는 자칫 세상일에 대해 감정으로 반응하기 쉽다. 실제를 보기보다는 내 생각으로 하기 쉽다. 속담이 이것을 조장하고 있다. 속담을 바꾸어 실상을 보도록 해야 한다.

    가까운 사람뿐만 아니라 주위 사람이 안되면 좋아하는데 그것도 실제를 잘 봐야 한다. 주식 투자를 하지 않는 사람은 주식이 떨어지면 좋아하는데 실제 주식이 떨어져 기업에 돈이 들어가지 않고 경기가 위축되고 사회에 돈이 돌지 않으면 나에게 나쁜 영향이 온다. 내가 만약 장사를 하면 손님이 줄어든다. 실제를 잘 봐야 한다. 어떤 현상이 나에게 미치는 영향을 잘 봐야 한다. 요즘 미국의 부채가 천문학적이라고 한다. 그러면 미국을 안 좋아하는 사람은 미국이 빚이 많은 것에 대해 좋아한다. 그런데 미국이 경제적으로 안 좋으면 우리나라에 부정적인 영향을 미친다. 그것을 볼 수 있어야 한다. 우리 생각은 감정의 영향을 받는다. 그것의 영향을 받아서 우리에게 실제 어떤 일이 벌어진다는 것을 모르는 것은 어리석은 일이다. 그런 생각으로 산다면 성공하기도 어려울 것이다.

원망이 생길 때
마음을 단속하는 방법

　살다보면 내 의지와는 무관하게 주위 사람이나 상황 때문에 우리의 좋은 품성을 잃는 일이 종종 있다. 남이 나를 욕할 때, 근거 없이 나를 의심할 때, 억울한 일을 당할 때…. 이런 때 마음 단속을 잘못하면 우리는 아주 큰 것들을 잃을 수 있다. 이런 경우에 맞춤한 이야기가 있어 소개할까 한다.

　불교 경전 중에 『자따까』라는 것이 있다. 붓다라는 위대한 인물이 과거 생에 붓다가 되기 위해 노력하는 과정이 그려져 있는 경전이다. 경전이지만 일상의 교훈이 될 만한 이야기들이 많아 어린이용 도서로도 편역된 것이 많다. 이 책 중「주지 않음의 전생이야기」라는 장에 보면 두 부자(富者) 이야기가 나온다. 나는 이 이야기를 읽고 굉장히 감명을 받았다. 그래서 평소 세상을 살면서도 이런 자세를 유지하려고 항상 노력한다.

옛날에 돈 많은 친구 둘이 있었다. 사는 곳은 비록 멀었지만 우정이 돈독했다. 그러던 어느 날 한 부자 친구가 어떻게 하다가 재산을 모두 잃었다. 그래서 친구를 찾아왔다. 여기서 방문을 받은 친구는 바로 붓다의 과거 생이다. 보살이라는 명칭은 붓다의 과거 생을 가리킬 때도 흔히 부르는 이름이다. 이 보살은 찾아온 친구에게 어떻게 왔는지 묻지도 않고 며칠을 편안하게 있을 수 있게 잘 대접했다. 그러고 난 뒤 무슨 일이 있었는지 물었다. 사정을 들은 보살은 방문을 한 친구에게 며칠을 더 머물게 한 후에 자기 창고를 열어 큰돈을 준 후에 나머지 재산은 모두 반으로 나누었다. 쌀도 반, 하인도 반, 마차나 소도 반, 모든 것을 반으로 나눠 아무런 조건 없이 주었다. 친구는 그것을 가지고 고향으로 돌아가 다시 집안을 일으켜 세워 다시 전처럼 큰 부자가 되었다.

그런데 세월이 흘러 이번에는 전 재산을 친구에게 반으로 나눠준 보살이 망했다. 그래서 그는 가족을 이끌고 전에 재산을 나눠주었던 친구를 찾아갔다. 친구 집에 가까이 와서는 부인과 가족은 다른 곳에 있게 한 후 친구 집 문을 두드렸다. 좋지 않은 일로 가는 길이니 혼자 가는 것이 적절하다고 생각하였을 것이다. 하인의 연락을 받고 친구가 대문 앞에 나타났다. 그런데 행색을 보아하니 보살은 망해서 찾아온 것이 분명해 보였다. 왜 찾아왔냐는 친구의 물음에 보살은 "당신을 좀 만나러 왔습니다."라고 대답하자 친구는 찾아온 이유를 묻지도 않고 보살에게 "여기는 잘 방이 없으니 가라."고 이야기했다. 그런데 그날이 마침 집에 천 대의 수레분의 쌀이 들어온 날이었다. 친구는 쌀은 한 가마니도 주지 않고 하인에게 쌀겨 두 되를 하인에게 가지고 오라고 시킨 다음에 그것을 보살에게 주면서 죽이나 끓여먹으라고 했다. 그때 보살은 생각했다. '아 이 친구가 우정을 깨려고 하구나. 나는 우정을 깨서는 안 된다. 이 친구가 주는 쌀겨 자루를 안 받으면 내가 우정을 깨는 것이다' 하면서 쌀겨 자루를 받아서 부인과 가족이 기다리는 곳으로 돌아갔다.

잔뜩 기대를 하고 있던 부인이 보살에게 "그 쌀겨 자루가 뭐냐."고 묻자 사실대로 일어난 일을 이야기했다. 이야기를 듣던 부인이 통곡을 하며 보살에게 제정신이냐고 묻고 "세상에 이런 법은 없다."며 소리를 지르며 울기 시작했다. 보살은 부인이 이해가 되어 가만히 부인을 보고 있었다. 그렇게 시간이 어느 정도 흘렀는데 부인은 진정이 되지 않아 계속 소리를 지르며 울었다. 그런데 그 근처를 지나던, 과거 보살의 하인이었는데 이제는 친구 부자의 하인이 된 사람이 귀에 익은 목소리가 들려 와보니 옛날 주인이었다. 그 사정을 듣고 하인은 옛 주인에게 임시로 거주할 곳을 마련해주고는 다른 옛 하인들을 데리고 와서 인사를 시켰다. 그런 후에 자기들이 이 문제를 해결해보겠다고 하였다.

옛 하인들은 모두 왕궁으로 몰려가 이 일에 대해 큰 소리로 떠들었다. 성안이 소란스럽자 왕은 신하들을 시켜 도대체 무슨 일인지 알아보게 했다. 왕이 자초지종을 듣고는 사안이 중요하다고 생각하여 직접 보살의 옛 하인들을 만났다. 다 듣고는 두 부자를 소환했다. 대신들이 다 있는 자리에서 먼저 보살에게 과거에 있었던 일을 물었다. 보살이 사실대로 이야기했다. 그러고 나서 왕은 친구 부자가 보살에게 한 것도 보살에게 물었다. 역시 있었던 대로 말했다. 왕은 친구 부자에게 사실이 그렇냐고 물었다. 왕에게 거짓말을 하는 것은 있을 수 없는 일이라 대답을 못하고 있었다. 사실을 시인한 것이다. 왕은 대신들과 의논한 후에 판결을 내렸다. 친구 부자의 전 재산을 보살에게 주라고 명령했다. 그때 보살은 과거에 자신이 준 것만 회수하겠다고 하여 그것을 받고 자신의 고향으로 내려갔다.

멱살을 잡는 대신
마음을 다스리면

이 경전 속에서 보살은 원망이나 화를 내지 않고 대신 자신의 마음을 잘 다스렸다. 주위 사람들은 오히려 이런 보살의 모습을 보고 감동해 그를 위해 성심을 다했다. 만약 보살이 친구가 그렇게 나올 때 친구의 멱살을 잡고 내가 준 것 내놓으라면서 싸웠다면 사람들은 보살에게 문제가 있고 친구도 보살을 그렇게 대할 이유가 있을 것이라고 빌미를 주었을 것이다.

이 경전을 읽고 마음으로 다짐을 하고 있던 차에 이것을 실천할 수 있게 하는 일이 나에게 일어났다. 전에 한 텔레비전 방송의 명상 관련 프로그램에 정신과 의사로서 명상을 하는 사람으로 출연하여 방영된 화면을 다른 프로그램에서 영 엉뚱한 곳에 잘 못 써 내가 정신과 의사로서 명상을 하는 사람이 아닌, 문제가 있는 다른 사람으로 오해를 받을 수 있는 일이 벌어졌다. 이 일을 해결하는 과정에서 내가 그동안 수행하고 노력하여 함양한 품성을 안 잃으려고 나름대로 노력했다. 무엇보다 화나 욕심, 보복심이 자리 잡지 않게 하려고 노력했다. 일은 잘 해결되었다. 일을 해결하는 동안 내 내면에 나를 괴롭히고, 그 일에 관계된 사람을 괴롭히는 일이 별로 없었던 것 같아 다행으로 생각했다. 물론 이것은 내 생각이니 상대는 어떻게 생각했는지 모르겠다.

살아가면서 마음의 안정을 잃지 않는 것만큼 우리에게 중요한 것은 없다. 마음의 안정을 잃으면 나와 남에게 손해 보게 할 수 있다. 나와 남이 다칠 수 있다. 마음의 안정을 유지하여 순리대로 일을 풀어나가는 노력이 중요하다.

붓다에게 배운
마음치료 이야기

　나는 평소 불교가 넓은 의미에서 정신 치료이고 붓다는 위대한 정신 치료자라고 생각해왔다. 그렇게 생각하게 된 데에는 여러 가지 계기가 있다. 그중 하나를 소개하면 다음과 같다.
　경전에 나오는 이야기인데 한 여인이 외아들을 잃고 거의 실성하다시피 하여 머리는 산발하고 옷은 아무렇게나 입고 울부짖음 같은 목소리로 길거리에서 지나는 사람마다 붙들고 자기 아들을 살려내 달라고 하였다.
　그러다가 어찌하여 붓다를 만나게 되었다. 붓다를 만나서도 막무가내로 죽은 자기 아들을 살려내 달라고만 하였다. 그러는 여인을 붓다는 처음에는 묵묵히 바라보기만 하였다.
　여기서 잠시 오늘날 이런 일이 벌어졌다고 가정해보자. 오늘날의 상황이라면 가족이나 친지, 아니면 공공기관이라도 그 여인이 그렇게 길거리를 헤매게 놔두지 않았을 것이다. 병원으로 데려갔을 것이고 그래서 나와 같은 정신과 의사를 만나게 됐을 것이다. 그때 그렇게 감정적으로 극도의 격앙과 혼란의 상태에 빠져있는 그 여인을 대부분의 정신과 의사는 진정제로 재우거나 그렇지 않고 좀 더 여유가 있거나 정신 치료에 관심이 있는 정신과 의사라면 그 여인의 마음이라도 좀 가벼워지도록 대화를 통해 감정을 뱉어낼 수 있게 시도해 봤을 것이다.

그러나 그렇게 했을 때에도 그 여인의 이야기는 들어줄 수 있지만 그 여인이 자기 아들을 살려내 달라고 울어댈 때, 죽은 자식에 대한 그리움과 집착으로 가슴이 찢어지는 듯한 아픔에 몸을 떨 때, 우리는 대꾸할 말을 잊고 무력감 속에서 그냥 바라만 보고 있을 수밖에 없었을 것이다.

그러다가 이제는 진정제가 필요할 때다 하며 약으로 그 여인을 재울 것이다. 한숨 푹 자고 나면 뭔가 변화가 있겠지 하고 기대한다. 그 이상의 뾰족한 처방이 머리에 떠오르지 않는다. 이런 상황에 부딪칠 때 정도 차이는 있겠지만 비슷하리라고 생각한다.

그러면 그 상황에서 붓다는 어떻게 하였는지 2천 5백여 년 전으로 돌아가 보자. 붓다는 한참을 침묵으로 있다가 먼저 그 여인이 가장 갈구하는 것을 이루어주겠다는 뜻으로 대화를 시작하였다.

"당신의 죽은 아들을 살려주겠소. 단, 내가 시키는 대로 한다면…"

그러자 여인의 눈에 희망과 생기가 돌고 날듯이 기뻐하며 자기가 해야 할 일을 빨리 말해달라고 했다.

"집집마다 돌아다니며 사람이 죽어 나간 적이 없는 집에서 겨자씨를 한 줌을 얻어 오시오. 그러면 당신의 아들을 살려주겠소."

그 여인은 아들을 잃은 슬픔에만 사로잡혀서 자기만 아들을 잃고 다른 사람들은 그런 일 없이 사는 줄 알고 금방이라도 겨자씨를 얻어 그렇게 보고 싶은 아들을 볼 수 있으리라는 기쁨에 쏜살같이 그곳을 떠났다.

몇 시간이 지나 그 여인이 돌아왔다. 빈손이었지만 손은 축 늘어져 있지 않았다. 얼굴에는 몇 시간 전의 감정의 소용돌이가 가시고 차분함과 안정감 그리고 어떤 의미를 자각한 그런 표정이었다. 그 여인은 붓다에게 삼배를 하고는 말하였다.

"제가 너무 어리석었습니다. 저 혼자만이 이런 고통을 받고 있다고 생각하였는데 집집마다 누구나 다 이런 아픔을 갖고 살아가고 있다는 것을 알았습니다. 누구나 빠르고 늦고의 차이는 있지만 죽는다는 것을 알았습니다. 제 아들에 대한 그리움과 애통함으로 제 마음이 괴롭긴 하지만 이제는 견딜 수 있겠습니다. 어리석은 저에게 진리를 볼 수 있는 마음의 눈을 뜨게 해주신 부처님 고맙습니다." 그러고는 불교 교단에 출가를 한다.

이 경전을 보면서 나는 붓다의 정신 치료자로서의 위대한 면모를 보았다.

고통 속에 놓인 사람에 대한 정확하고 깊은 이해, 문제의 핵심에 대한 확실한 통찰, 그리고 거기에 근거한 정신 치료적 해결 과정이 병원까지 갈 필요 없이 현장에서 그대로 자연스럽게 진행되고 있고 치료 후 문제 해결 및 증상의 해소뿐만 아니라 인생의 본질에 대한 이해마저 하게 되어 그 여인의 인격이 그 전보다 더욱더 성숙하게 된 것은-그것도 단 한 번의 치료로- 위대한 정신 치료자가 아니면 불가능한 것이다.

정신분석 치료에서 수년간 수백 시간을 통해서만이 이룰 수 있는 인격의 변화를, 붓다가 단 한 번 몇 시간 만에 해낼 수 있었던 것은 불교가 정신 치료적인 요소를 내포하고 있고 붓다가 위대한 정신 치료자적 자질을 갖추었기 때문이라 생각한다.

건강한 정신을 위한
열여덟 가지 조언

정신과 의사다 보니 정신이 건강하려면 어떻게 해야 하냐는 질문을 자주 받는다. 사람들은 몸이 어떻게 하면 건강해지는지는 잘 안다. 하지만 정신에 대해서는 그렇지 않은 것 같다. 정신도 몸과 마찬가지다. 정신이 건강해지는 일이나 습관을 반복하면 실제로 그렇게 된다. 이런 일이나 습관을 영혼의 비타민이라고 부르는 사람도 있다.

아래 열여덟 가지는 정신을 건강하게 하는 습관들이다.

1. 반응을 건강하게 하는 것
2. 부탁과 거절에 자유로운 것
3. 인사를 잘하는 것
4. 거짓말을 하지 않는 것

5. 약속을 지키는 것

6. 남과 비교하지 않는 것

7. 대화를 잘하는 것

8. 공평하게 하는 것

9. 인간관계를 단절하지 않는 것

10. 여유 있는 마음을 갖는 것

11. 시야를 넓게 갖는 것

12. 공감 능력을 갖는 것

13. 생각을 줄이고 현실에 충실한 것

14. 지혜가 있는 것

15. 자신에게 도움이 되는 일을 하는 것

16. 독서를 통해 간접 경험을 쌓는 것

17. 즐거운 일을 나중에 하는 것

18. 자기 형편에 맞게 사는 것

열여덟 가지 중에 첫 번째는 반응을 건강하게 하는 것이다. 살아가다 보면 우리에게 무슨 일이든지 일어난다. 그때 일어난 것에 대해 건강하게 반응하는 훈련을 하는 것이 정신을 건강하게 만든다. 나는 일어난 것을 가지고 그 사람의 정신 건강을 평가하지 않는다. 그것에 대한 반응을 보고 정신 건강을 판단한다. 예를 들어 사업을 하다가 부도가 날 수도 있다.

부도가 났을 때 사람마다 반응이 다르다. 부도난 상황을 감당하지 못해 종적을 감추는 사람도 있고, 부도난 상황에서 최선을 다해 수습하는 사람도 있다. 부도가 안 나면 좋지만 부도가 날 수밖에 없는 상황이면 부도가 난다. 그 후에 사업이 더 잘되는 사람도 있다. 부도는 여러 상황에서 일어나겠지만 어떤 경우는 사업이 잘되어 무리하게 확장하다가 일어나기도 한다. 부도를 통해 더 강해질 수 있다. 어떤 경우에든 반응을 건강하게 하도록 노력하면 정신이 건강해진다. 사실 무슨 일이든지 일어날 때는 일어날 만한 필연적인 이유가 있기 때문에 일어난 것이다. 일어난 과정을 잘 보고, 지금 할 수 있는 최선의 선택을 하고, 그런 선택을 쌓아가면 우리가 원하는 결과를 가져올 수 있다. 지금 최선의 선택을 하는 것이 바로 건강한 반응을 하는 것이다.

두 번째, 부탁과 거절에 자유롭도록 노력한다. 어떤 사람은 남으로부터 충분히 도움을 받을 수 있는데도 부탁을 못해 도움을 못 받는다. 또 어떤 사람은 남의 부탁에 거절을 못해 힘들어한다. 부탁과 거절에서 자유롭지 않으면 인간관계에서 자유로울 수 없다. 부탁과 거절에서 자유로워지려면 부탁과 거절을 보는 관점이 달라져야 한다. 부탁을 잘 못하는 사람을 보면 부탁을 남에게 할 때 상대방이 못 해주면 얼마나 미안해할까 또는 난처해할까 하고 생각하는 사람이다. 부탁을 해달라고 하는 것으로 생각하면 부탁을 하는 사람이나 부탁을 듣는 사람이나 힘들어진다. 부탁을 그렇게 생각하기보다는 내 형편이나 상황을 알리는 것으로 가볍게 생각하면 부탁이 쉬워진다. '나는 내가 처한 상황을 알리고 그 말을 듣는 사람은 그 사람의 상황에 따라 뭔가를 할 것이다' 하고 생각하면 어렵지 않다. 그 사람이 해줄 수 있으면 하고 할 수 있는 상황이 아니면 또 다른 사람에게 알아볼 것이다 하고 생각한다. 부탁을 내가 처한 상황을 같이 나눈다는 생각으로 하면 부탁이 부담스러운 것이 되지 않는다.

거절도 마찬가지다. 내가 안 들어준다 하고 생각하지 말고 내 형편에 적절하지 않으면 그것을 알려서 그 사람이 또 다르게 알아보도록 한다. 이렇게 생각하면 거절이 어렵지 않다. 사실 거절이라는 말은 적절하지 않다. 내 형편에 맞지 않으면서 남의 부탁을 들어주어 좋은 결과가 나오지 않을 경우 내가 남의 살 길을 잡고 있다고 볼 수 있다. 세상에는 나만 있는 것이 아니다. 내가 안 되면 부탁한 사람은 다른 사람에게 알아볼 수 있다. 그 사람에게 최선이 아니면서 거절을 못하면 그 사람을 내가 잡고 있는 것이다.

의과대학 다닐 때 내가 사는 곳과는 다른 도시에 살고 있는 친구가 있었다. 그 친구가 하루는 나에게 이런 이야기를 했다. 나이 들어서 만난 친구라 그 친구는 나에게 '전 형'이라는 호칭을 썼다. "내가 전화를 해서 전 형에게 놀러가도 되나요? 하고 물어볼 때 전 형이 좋다고 하면 나는 아무 걱정 없이 놀러 가요." 했다. 그래서 내가 그 이유를 물었더니 그것은 내가 사정이 있을 때는 안 된다고 말하기 때문이라고 했다. 내가 그렇게 말한 기억은 나지 않았지만 그 친구가 오면 언제나 참 좋았고 재밌게 보냈던 기억이 있었다. 내가 사정이 있어 거절을 하면 그 친구는 다른 사람에게 연락해서 시간을 보낼 수 있다. 그것을 내가 막으면 안 된다. 나도 좋고 상대도 좋은 것을 하는 것이 인간관계에서 중요하다. 나에게 안 좋은데 거절을 못해서 하게 되면 상대에게 좋지 않다. 나도 안 좋고 상대에게도 안 좋다.

세 번째는 인사를 잘하는 것이다. 인사는 인간관계의 기본이다. 인간관계가 나쁘면 괴롭다. 관계가 안 좋은 사람이 있으면 힘들다. 나를 위해서 인간관계를 잘해야 한다. 내가 나쁘게 보는 사람이 없어야 한다. 인간관계가 나쁘면 일이 잘 풀리지 않는다. 그런데 사람과 사람 사이에는 자칫 잘못하면 오해가 생길 수 있다. 인사는 오해가 생기지 않게 한다. '나는 당신에게 나쁜 감정이 없습니다' 하는 표시를 하는 것이 인사다. 유럽인들이 아메리카 대륙에 발을 들여놓았을 무렵 악수를 했던 것은 오른손에 총을 들고 있지 않다는 것을 표시하는 것이었다는 이야기를 들은 적이 있다. 인사를 하면 상대는 '아! 저 사람이 나에게 나쁜 감정이 없구나, 나와 교류하기를 원하는구나' 하고 생각한다. 인사하는 사이가 되면 그 사람과 불편한 관계가 되지 않으니 부담이 없다. 그 사람 생각은 할 필요가 없다. 불편한 관계가 되면 생각날 수 있다. 인사를 잘하지 않는 사람은 괜한 오해를 받을 수 있다. 그래서 힘들 수 있다. 일도 잘 안 풀릴 수 있다. 정신이 건강한 사람은 인사의 중요성을 안다. 그래서 적절하게 인사를 한다. 나와 코드가 안 맞는 사람에게 분위기에 맞지 않게 가깝게 인사하지 않고 서로 관계가 안 나빠질 정도로 인사를 한다. 인사는 같이 있는 사람들과 공

존하겠다는 의사 표현이다. 내가 살아가는 공간을 내가 편안하게 하는 것이 현명하다. 인사는 그런 공간을 만들어 가는 노력이다.

네 번째는 거짓말을 하지 않는 것이다. 우리는 우리에게 이득이 된다고 생각해서 거짓말을 한다. 그러나 거짓말은 이득이 되지 않고 나를 더 힘들게 한다. 거짓말을 한다는 것은 뭔가를 잘못했기 때문에 그것을 무마하기 위해 하는 것이다. 거짓말 전에 잘못한 것이 있으니 비유를 하면 화살을 한 대 맞은 것이고 거짓말을 한 것은 또 다른 화살을 한 대 더 맞은 것이다. 화살을 한 대만 맞도록 해야 한다. 예를 들면 학생이 학원을 빼먹고 영화를 보고 와서 부모에게 학원 갔다 왔다고 거짓말 하면 학원 빼먹은 잘못 하나에 거짓말 한 잘못까지 잘못이 둘이 된다. 그러나 영화가 보고 싶어서 학원을 빼먹었다고 하면 학원 빼먹은 잘못만 있는 것이다. 물론 거짓말하는 학생은 그렇게 해야 혼나지 않는다고 생각할 것이다. 그러나 거짓말은 뭔가 분위기나 행동을 통해 석연찮은 것을 드러내기 때문에 상대를 완벽하게 속이지는 못한다. 그리고 모든 일은 다 드러나게 되어있다. 그때 더 혼이 난다. 부모 입장에서는 거짓말하는 것을 더 심각하게 생각한다. 그리고 거짓말하는 사람은 믿을 수가 없으니까 그 사람의 모든 것을 의심하게 된다. 그래서 모든 것을 확인해야 하니 서로 피곤하다. 거짓말은 거짓말을 부른다. 진실은 간단하고 쉽다. 있었던 것을 말하니 힘이 들지 않는다. 그에 비해 거짓말은 틀리지 않게 하려니 힘이 든다. 서로 모순점이 없게 하려면 복잡해진다. 사람 만나는 것이 힘들고 싫어진다.

거짓말을 하는 것은 큰 문제다. 정신이 건강한 사람은 거짓말을 하지 않는다. 거짓말을 해서 자신을 난처한 상황에 빠뜨리지 않는다.

어떤 여자 환자는 시어머니가 친척들에게 거짓으로 자신을 교사라고 했다는 사실을 친척들 있는데서 처음으로 들었을 때, 바로 사실을 밝혀 계속 거짓말을 해야 하는 부담에서 벗어났다. 굉장히 현명한 사람이다. 그 순간에 시어머니의 입장도 생각하고 자신도 교사라고 하니 기분이 나쁘지 않아 사실을 밝히지 않고 넘어가면 그 다음부터 곤란한 상황이 벌어질 수 있다. 인생의 갈림길이 될 수 있는 순간을 잘 포착하여 자신을 위험에 빠뜨릴 수 있는 상황에서 잘 벗어났다.

다섯 번째는 약속을 꼭 지킨다. 약속을 쉽게 어기는 사람이 있다. 그러면 약속을 한 사람은 그 사람을 믿지 않게 된다. 그리고 스스로도 자신을 못 믿는다. 나를 믿는 사람이 많아져야 살아가면서 내가 뭘 할 때 호응이 있다. 나를 불신하는 사람이 많으면 남과 더불어 할 수 있는 일이 없다. 약속은 누가 강요해서 하는 것이 아니다. 지키기 어려우면 안 하면 된다. 그런데 어떤 사람은 쉽게 약속을 하고 쉽게 약속을 어긴다. 그래서 신용이 점점 떨어진다. 약속을 잘 어기는 사람은 이것부터 고쳐야 한다. 나는 십몇 년 전에 약속을 했다가 어기는 자신을 보고 이것을 고쳐야 되겠다 하여 한 가지 방법을 고안해냈다. 대부분 약속을 취소하거나 어기는 경우를 보면 약속을 하고 난 뒤 지키는 것이 별 의미가 없거나 내 마음이 변한 경우였다. 다시 말하면 쉽게 약속을 한 경우였다. 분위기에 떠밀려서 또는 그때의 일시적인 기분에 의해 한 약속들이었다. 그런 약속들은 불씨를 안고 있다는 것을 알았다.

　약속을 신중하게 하는 것이 중요하다는 것을 알았다. 약속을 신중하게 하려면 약속하는 순간에 깨어서 의미 있는 약속인지 꼭 지킬 수 있는 약속인지를 검토해야 한다. 그러기 위해서 생각해낸 것이 무슨 약속을 하든지 꼭 지키는 것이 그러한 역할을 할 수 있다는 것이다. 우리는 쉽게 약속하고 쉽게 어기니 또 쉽게 약속한다. 그런데 무슨 약속이든지 꼭 지켜야 한다면 쉽게 한 약속을 지킬 때 너무 힘들어진다. 그것이 반복되면 약속을 할 때 쉽게 약속해서 힘들었던 기억이 떠오른다. 그러면 약속할 때 신중해진다. 그래서 나는 아주 특별한 일이 아니면 내가 한 약속은 꼭 지킨다. 신중하게 약속하게 하는 장치로서 이렇게 자신을 제어하는 훈련을 하는 것은 다른 일에도 적용이 된다. 그래서 자신을 보호하고 지킬 수 있게 된다. 정신을 건강하게 하는데 도움이 된다.

　여섯 번째, 남과 비교하지 않는다. 남과 비교하는 방법은 세 가지가 있다. 내가 남보다 '낫다', '못하다', '같다'고 비교한다. 비교를 없애면 정신이 건강해진다. 이에 대해서는 앞장에 자세히 설명해 놓았기 때문에 생략한다.

　일곱 번째, 대화를 잘하도록 노력한다. 대화 능력은 정신 건강의 척도라고도 할 수 있을 정도로 중요하다. 대화를 잘할 수 있도록 노력하면 정신 건강은 좋아진다. 대화는 남과 하는 것이다. 한 사람과 할 수도 있고 여러 사람과 할 수도 있다. 대화를 할 때 다음과 같은 마음으로 하는 것을 훈련하는 것이 좋다. 남과 대화할 때 내가 먼저 말을 하면 내가 충분히 말을 한다. 그런 후에 내가 충분히 말을 한 만큼 상대가 충분히 말을 하게끔 한다. 상대가 먼저 말을 시작했다면 그 사람이 충분히 말하게끔 한다. 그런 후에 내가 충분히 말을 한다. 만약에 내가 말하는데 상대가 중간에 끊으면 양해를 구하여 충분히 말하고 난 뒤에 상대가 충분히 말하게 한다.

    대화를 할 때 동시에 두 사람이 말할 수는 없다. 말하는 사람이 있으면 듣는 사람이 있어야 한다. 잘 듣는 것도 중요하다. 잘 듣고 있으면 대화에 활발히 참여하고 있기 때문에 마치 잘 말하고 있는 것처럼 느껴진다. 사실 대화 하는 데에는 어려움이 없다. 우리가 어렵게 만드는 것이다. 할 말이 있으면 하고 없으면 들으면 되는 것이다. 둘 다 할 말이 없으면 말없이 편안히 있으면 되는 것이다. 침묵을 음미하면서 있으면 되는 것이다. 그런데 사람들은 자기 문제에 걸려 말하려고 하고 침묵이 흐르면 불편해 한다. '내가' 재밌는 이야기를 하고 싶어 한다. 여러 사람이 모여 있으면 한두 사람은 재미있는 사람이 있다. 같이 재미있는 이야기를 즐기면 되는데 '내가' 재미있고 싶어 한다. 사실 내가 문제다. 내가 없이 전체적으로 보면 순리대로 가게 되고 편안해진다. 내가 지금 안 되는데 억지로 되게 하려니 문제가 생기고 힘이 드는 것이다. 대화도 마찬가지다. 남과 같이 나눌 이야기가 있으면 하고, 없으면 남의 이야기를 잘 듣고, 서로 말할 게 없으면 편안히 말없이 있으면 된다. 때로는 휴식도 필요하다. 어떤 사람과 말이 없는데도 편안히 있을 수 있다면 우리는 그 사람을 좋아하지 않을까? 그런 사람이 되는 것이 그렇게 어려운 일이 아니다. 생각을 전환하면 가능해진다.

사실 듣는다는 것이 참 중요하다. 정신과 의사의 일 중에 가장 중요한 것 중에 하나가 잘 듣는 것이다. 잘 듣는다는 것에는 상대를 존중한다는 마음이 들어있다. 존중하지 않는 사람의 말을 듣고 싶을까? 잘 들어주면 상대는 '아! 저 사람은 나를 존중하는구나' 하는 생각을 한다. 인간관계가 좋아진다.

잘 듣는 것이 남는 장사다

한 사람은 한 세계라고 할 수 있다. 무궁무진한 경험이 있다. 우리의 경험은 한계가 있다. 힘은 경험에서 나온다. 우리 자신의 부족한 경험을 다른 사람의 경험에서 보충해야 한다. 다른 사람의 말을 듣고 있으면 다른 사람이 한 경험을 같이 할 수 있다. 다른 사람이 살아온 이야기를 듣는다는 것은 그 사람이 한 경험을 같이 하는 것이다. 그래서 나를 풍부하게 할 수 있다. 마찬가지로 나는 내가 경험한 이야기로 남을 풍부하게 할 수 있다. 이렇게 서로가 서로를 도우면서 살아갈 수 있다.

나는 가끔 카페나 레스토랑에서 아주머니들이 하는 대화를 들으면 지금 이분들이 집단치료를 하고 있는 게 아닌가 하는 생각을 한다. 각자 살아온 경험을 서로 나누고 있다. 그것을 잘 살리면 살아가는데 큰 도움이 된다. 그런데 그 의미를 잘 모르고 누가 해외여행 갔다 온 이야기를 하면 잘난 체 한다고 생각해서 기분 나빠 하기도 하고 때로는 부러워 하기도 한다. 듣는 사람들은 말하는 사람의 경험 속으로 들어가지 못하면 그 자리가 힘들고 괴롭다. 대화를 통해 우리는 서로가 했던 경험을 공유하는 것이다. 나는 매주 화요일 점심을 내 진료실이 있는 건물의 같은 층에 있는 의사들과 같이 한다. 서로 전공과목도 다르고 성향도 다르고 관심사도 다르다. 다만 우리는 같은 층에 있기 때문에 같이 식사를 한다. 거기서 나는 그 사람들과의 식사가 아니면 알 수 없는 것을 많이 듣고 배운다. 내가 많이 풍부해진다. 그래서 항상 그 사람들과의 시간이 의미 있고 그런 시간을 나에게 마련해준 그 사람들이 고맙다. 사실 남들과 이야기할 때는 내 이야기를 하는 것보다 듣는 것이 이득이다. 잘 듣는 것이 남는 장사다. 정신 치료를 하는 정신과 의사 동료들과 같이 모임을 할 때 어떤 동료가 듣고만 있으니 다른 동료가 너만 득보지 말고 너도 내놓으라고 했다. 사람들과 있을 때 말을 안 하는 것이 문제가 아니라 편안히 듣고 있지 못하는 것이 문제다. 그 자리에 참여해서 그 의미를 알면서 잘 듣고 있으면 아무 문제 될 것이 없다. 우리가 문제를 만든다. 우리 스스로 문제를 안 만들면 되는 것이다.

여덟 번째, 공평하게 한다. 우리는 은연중에 내 중심으로 모든 걸 판단한다. 예를 들면 어떤 친구가 없을 때 나는 그 친구의 단점을 이야기

한다. 그래 놓고 내가 없을 때 다른 친구들이 내 단점을 이야기하면 '친구로서 어떻게 그럴 수가 있나'라고 한다. 이것은 공평하지 못한 것이다. 내가 그런다면 다른 사람이 그러는 것을 허용해야 한다. 친구뿐만 아니라 직장이든 가족관계든 이런 측면에서 나를 둘러보는 것이 필요하다. 이런 마음으로 살아간다면 세상을 순리대로 살게 된다. 물론 내 중심이 되는 것도 문제이지만 타인 중심인 것도 문제다. 나와 남이 공평하게 되는 것이 순리다. 순리에 맞지 않는 것은 문제를 일으킨다. 정신 건강에 좋지 않다.

아홉 번째, 인간관계를 단절하지 않는다. 우리는 살아가면서 많은 사람을 만난다. 코드가 맞는 사람도 만나고 코드가 맞지 않은 사람도 만난다. 만나고 나면 기분이 좋은 사람도 만나고, 반대로 기분이 안 좋은 사람도 만난다. 나에게 도움이 되는 사람도 만나고 해가 되는 사람도 만난다. 만나면 편안한 사람도 있고 불편한 사람도 있다. 사람마다 가깝고 먼 정도가 다 다르다. 잠시를 만나도 아주 가까워지는 사람이 있고 오랫동안 만나도 어느 정도의 거리 이상은 가까워지지 않는 사람도 있다. 그럴 때는 다 그럴만한 이유가 있다. 가까우면 가까운 대로 멀면 먼 대로 인간관계를 유지하는 것이 중요하다. 불편하면 불편한 대로 유지하는 것이 중요하다. 어떤 사람은 사람을 만나 불편하면 아예 그 사람과 만나지 않는다. 그 정도가 지나치면 불편한 사람은 아예 만나지 않는다. 그래서 나중에는 주위에 사람이 하나도 없는 경우가 있다. 진료실에 만나는 사람 중에도 이런 사람이 꽤 있다.

사람에게는 긍정적인 면과 부정적인 면이 모두 있다. 좋은 사람도 안 좋은 면을 가지고 있고 안 좋은 사람도 좋은 면을 가지고 있다. 믿었던 사람도 나를 실망시킬 때가 있고 안 좋게 봤던 사람도 좋게 행동할 때가 있다. 사람은 복합적이다. 가변적이다. 얼마든지 바뀔 수 있다. 자주 다니는 단골 음식점의 음식 맛이 갑자기 바뀔 때가 있다. 그럴 때 발길을 끊기보다는 한두 번 더 가보는 것이 좋다. 무슨 사정이 있을 수 있다.

인간관계도 마찬가지다. 사람에게 실망하는 일이 있을 때는 좀 지켜보는 것이 필요하다. 그리고 왜 그런지 알게 되면 그에 맞게 적절하게 인간관계를 갖는 것이 좋다. 적절한 자리매김을 하는 것이 좋다. 어느 조직에 소속됐을 때 그 구성원들과 적절한 인간관계를 갖는 것이 필요하다. 호감이 가는 사람도 있고 왠지 마음이 안 가는 사람도 있다. 왠지 마음이 안 가는 사람과 가까워지려고 지나치게 노력을 할 필요는 없다. 자연스럽게 하는 것이 좋다. 왠지 마음이 안 가긴 하지만 그 사람도 내 동료라는 사실을 인정하고 부정적으로 생각 안하는 것이 필요하다. 그런 정도의 자리매김을 하고 생활하다 보면 또 변화가 있을 수도 있다. 학교에서 같은 반이면 안 가깝더라도 같은 반인 것만큼의 인간관계가 있는 것이다. 그만큼의 자리매김이 필요하다. 그것을 소중히 해야 한다. 나만의 기준에서 인간관계를 정리하고 그 결과 인간관계가 단절되면 그것으로 인해 내가 고통을 받게 된다.

열 번째, 여유 있는 마음을 가진다. 여유가 있다는 것은 마음에 빈 공간이 있다는 것이다. 빈 공간이 있어야 필요할 때에 필요한 것을 담을 수 있다. 우리 마음이 꽉 차버리면 다른 것이 들어올 수 없다. 스케줄이 꽉 차면 다른 것을 할 수 없듯이 우리 마음도 우리 것으로 꽉 차면 다른 것이 들어올 수 없다. 우리의 생각이나 신념, 이념이 다른 사람과 다를 때 다른 사람의 생각이나 신념, 이념을 한 번 생각해볼 수 있는 여유를 가져야 한다. 그러려면 우리 속에 빈 공간이 있어야 한다. 가족도 마찬가지다. 가족에 대한 공간을 마련해야 한다. 그래야 가족이 들어올 수 있다. 우리는 살아가면서 우리와 많은 면에서 다른 사람과 만난다. 그때 그 사람들과 진정으로 만날 수 있는 공간을 마련해야 한다. 여유가 그래서 중요하다. 여유는 그래서 다른 사람 입장에서 생각해보는 것이다. 여유는 나와 남을 진정으로 공존하게 해준다.

여유를 통해 유머가 생길 수 있다. 난처한 상황이 생겨도 화를 내는 것이 아니라 같이 웃을 수 있게 된다. 내가 아는 목사님은 미국 교회를 맡아서 목회 활동을 한다. 이 목사님이 몇 해 전에 미국 사람과 결혼을 하여 목사님 교회에서 결혼식을 올렸다. 주례는 한국 목사님이 섰는데 이분이 신랑, 신부를 소개하면서 그만 실수를 했다. 신부 이름이 신디인데 낸시라고 한 것이다. 결혼식에 참석한 사람들은 당황하고 의아해했다. 참석한 사람들은 모두 신랑 신부와 막역한 사이거나 동네 사람들이라 신랑 신부를 모두 잘 알고 있었다. 결혼식 비디오를 봤는데 하객들의 당황한 표정이 역력했다. 이때 신랑이 마이크를 달라고 요청했다. 미국의 결혼식은 우리와 분위기가 달랐다. 결혼식을 진행하는 사람이 신랑에게 마이크를 주니 신랑이 약간 장난기 섞이고 설레는 표정으로 '낸시는 끼워줍니까?' 했다. 사람들이 다 웃었다. 어색한 분위기가 일시에 다시 편안한 분위기로 바뀌었다. 이것이 유머의 힘이고 여유의 힘이다. 여유는 인생을 전환시키는 힘을 가졌다. 인생은 전환이 필요하다. 전환하는 힘이 없으면 인생은 힘들다. 힘들고 어려운 일을 만났을 때 의미 있고 행복한 것으로 전환시킬 수 있어야 한다.

1995년에 미국에서 열린 최면 워크숍에 참석했을 때 일이다. 워크숍 첫날 오전에 교육이 끝나고 오후에 환영 파티가 있었다. 호텔에서 나온 직원들이 파티 준비를 하고 우리는 옆에서 기다리고 있었다. 그런데 직원이 상을 차리고 파티를 준비하다가 접시를 깼다. 난처한 상황이었다. 그때 오전에 우리에게 자기최면을 강의한 강사가 큰 소리로 외쳤다. "자, 파티가 시작됐습니다." 모두 웃었다. 직원들은 웃으며 파티 준비를 하고 우리도 유쾌한 마음으로 파티 준비를 기다릴 수 있었다. 유머는 여유 속에서 피어난 꽃과 같다. 유머의 시작은 여유를 가지려고 하는 마음이다. 그런 마음을 가지는 것이 정신 건강이다.

열한 번째, 시야를 넓게 가진다. 시야가 좁은 것이 정신 불건강이고 시야가 넓은 것이 정신 건강이다. 시야가 좁아 자기 자신만 또는 자기 가족만 아는 것이 정신 불건강이고 시야가 넓어 자신이 소속한 사회 나아가 국가, 세계가 마음에 들어있으면 정신이 건강한 것이다.

달라이 라마를 처음 본 것은 2003년 일본에서였다. 달라이 라마의 일본인을 위한 법회가 일본 휴양 도시인 가나자와라는 곳에서 열렸고 마침 한국인을 위한 자리도 있다고 해서 먼발치에서라도 보려고 갔었다. 달라이 라마가 입장을 하면서 무대 뒤편에서 단상으로 걸어 올라오며 인사를 하는데 참석자들이 진정으로 잘되기를 바라는 마음을 가졌다는 것을 한눈에 알아볼 수 있었다. 그때 달라이 라마의 관심은 참으로 넓구나 하는 것을 느꼈다. 달라이 라마는 시야가 아주 넓은 사람이구나 하는 인상을 받았다. 시야가 넓은 사람은 다른 사람의 입장이나 마음이 들어 있다. 그래서 다른 사람과 더불어 사는 사람이다. 그러니까 충돌이 없다. 그렇다고 자기는 희생하고 다른 사람을 위해 사는 사람은 아니다. 자기도 생각하고 남도 생각하는 것이다. 사람은 다 똑같다. 남을 나처럼 생각하는 마음이다. 시야가 좁은 사람은 자기만 생각하는 사람이다. 그러니까 살아가는데 충돌이 많고 힘들다. 남들과 안 만나고 싶은데 안 만날 수가 없다. 그러니 얼마나 힘들겠나? 그에 비해 시야가 넓은 사람은 사람과 만나는데 장애가 없고 잘 준비가 되어있다. 그러니 힘들지 않다. 그리고 사실 세상 모든 것은 우리에게 영향을 준다. 시야가 넓어서 일어나는 일에 관심을 가지고 잘 살펴보아야 살아가는데 도움이 된다. 우리를 진정 위한다면 시야를 넓혀야 한다. 시야를 넓힐수록 정신이 건강한 사람이 된다.

열두 번째, 공감 능력을 기른다. 공감은 다른 사람의 마음에서 무엇이 일어나는지를 보려고 하는 노력이다. 불교의 수행으로 얻어지는 타심통을 얻기 전에는 완전한 공감은 힘들다. 남의 마음에서 일어나는 현상을 알려고 노력할 뿐이다. 남의 마음을 정확히 아는 것은 어렵지만 내 마음은 정확히 안다. 하긴 자신의 마음도 모르겠다는 사람도 있다. 남의 마음을 있는 그대로 알려고 노력할 때 가장 방해가 되는 것은 나다. 우리는 오랜 습성으로 추측을 한다. 남의 마음은 이럴 것이다 하고 추측을 하고 그렇다고 단정한다. 실제 다른 사람의 마음은 그렇지 않는데 그렇다고 생각하는 것이다. 심한 경우는 다른 사람이 자신의 마음을 그대로 이야기해도 거짓말한다고 생각한다. 말하는 사람 입장에서는 기가 찰 노릇이다. 공감은 타인을 진정으로 이해하는 길이다. 사람은 누구나 자신의 마음에 기대 생각하고 말하고 행동한다. 그 마음을 있는 대로 이해하는 것은 타인을 진정으로 이해하는 것이다.

　　공감이 중요하다고 이야기하면 어떤 사람은 오해를 한다. 공감을 다른 사람이 원하는 대로 해주는 것으로 생각하는 사람이 있는데 공감은 그런 것이 아니다. 공감은 일단 그 사람 마음속에 무엇이 있는지 아는 데까지이다. 알고 나서는 무엇을 하든 자유다. 그러나 정확히 알고 나면 정확히 안 것에 입각해서 하게 된다.

　　우리 사회에서 특히 공감의 자세가 필요한 사람이 세 부류가 있다. 부모, 교사, 성직자(혹은 수행자)는 공감이 꼭 필요하다. 이 세 부류의 사람은 사람의 무의식에 직접 영향을 준다. 사람들이 이 세 부류 사람에게는 기대하는 것이 다르다. 특별하게 생각한다. 자식이 부모를 대할 때 부모도 한 사람의 사람에 불과한데 특별한 사람으로 본다. 그런 만큼 부모의 말이나 행동은 자식에게 영향을 크게 준다. 이럴 때 공감을 통해 자식의 마음을 있는 그대로 알아 적절하게 하면 아이는 건강하게 클 수 있다. 아이는 더운 날 밖에서 뛰어놀다 와 목이 말라 시원한 물을 찾는데 엄마가 몸에 좋다고 꿀물을 주면 아이는 엄마를 어떻게 생각하겠나? 엄마와 아이 사이에 관계가 나빠지고 매사에 오해가 생길 수 있다. 대개의 경우 정신적인 문제는 부모 자식 간의 관계가 안 좋고 그것을 토대로 다른 인간관계가 안 좋을 때 생긴다. 공감은 인간관계에서 아주 중요하다. 공감을 하려는 마음으로 다른 사람을 대하면 호흡이 맞고 충돌이나 갈등이 별로 없다.

교사도 마찬가지다. 아이들은 선생님을 특별하게 생각한다. 부모와의 관계가 좋지 않던 아이도 학교를 다니면서 훌륭한 선생님을 만나면 달라질 수 있다. 그런데 부모에 대해 안 좋게 생각한 아이가 선생님과 좋지 않은 경험을 해 선생님을 좋지 않게 생각하면 세상은 다 그렇다고 생각하고 세상과 적대적이 된다. 교사는 우리 사회에서 참 중요한 존재다. 우리 사회가 건강하게 되는데 중요한 역할을 할 수 있다. 정신분석에서는 초자아를 이야기한다. 초자아는 양심과 같이 우리 자신을 바르게 되도록 하는 역할을 하는데 아이들이 초자아가 생길 때 부모의 태도가 내재화되어 생긴다고 한다. 부모의 태도는 초자아 형성에 중요하다. 교사도 초자아에 영향을 준다. 이런 점에서 교육은 참으로 중요하다.

성직자도 마찬가지다. 부모나 교사처럼 초자아에 영향을 주고 무의식에 영향을 준다. 성직자의 말과 행동도 중요하다. 다른 사람의 말과 행동과는 다르다. 우리 사회가 건강하게 되려면 모든 분야가 다 중요하지만 우리의 마음에 큰 영향을 주는 부모, 교사, 성직자가 바로 서서 자신의 역할을 하는 것이 중요하다.

공감은 모든 사람에게 다 중요하다. 인간관계에서 성공하면 인생에서 성공할 수 있다. 공감을 통해 다른 사람의 마음을 있는 그대로 알고 그에 따라 한다면 인간관계를 잘 할 수 있다. 공감은 훈련을 통해 우리 것이 될 수 있다. 우리의 추측이나 판단을 중단하고 다른 사람이 되어보는 훈련을 하면 점점 다른 사람의 마음이 있는 그대로 보이기 시작한다. 공감 훈련이 되면 다른 사회현상을 볼 때도 자기 생각보다는 실제를 보려고 노력하게 된다. 그래서 실제에 맞게 살아가게 된다.

열세 번째, 생각을 줄이고 현실에 충실한다. 정신이 불건강한 사람은 대체적으로 생각이 많다. 생각을 줄이면 정신이 건강해진다. 생각을 줄인다고 해서 멍해지는 것이 아니다. 생각은 잘 보면 과거나 미래로 우리 마음이 간 것이다. 과거와 미래로 가서 영향을 받는 것이다. 생각을 줄이면 현재에 마음이 있게 된다. 현재에 사는 것이 정신 건강이고 과거와 미래에 사는 것이 정신 불건강이다. 현재에서 멀어진 만큼 정신이 불건강해지고 정신적인 문제가 생긴다. 정신병은 현실에서 가장 멀어진 상태다. 신경증은 현실에서 조금 멀어진 상태다. 현실에 가까워지면 정신 건강이 회복된다.

열네 번째, 지혜를 기른다. 지혜는 있는 그대로 아는 것이다. 뭘 보더라도 있는 그대로 보는 훈련을 한다. 내 생각으로 짐작하는 것이 아니라 실제를 보려고 노력한다. 정신이 건강한 사람은 뭘 보거나 들어도 실제를 보려고 한다. 그래서 실제에 맞게 한다. 사람과의 관계에서는 다른 사람의 마음을 잘 읽어서 충돌이나 갈등이 없다. 사업이나 주식 투자도 사회 현상을 잘 관찰하여 맞게 한다. 혼자만의 생각이나 감정에 따라 일을 처리하지 않는다. 일이 어떻게 진행되는지를 잘 본다.

열다섯 번째, 자신에게 도움이 되는 일을 한다. 무엇이 진정 자신에게 도움이 되는지를 알고 도움 되는 일은 하고 도움이 안 되는 것은 하지 않는다. 누가 나를 도와주려고 하는데 자존심을 내세워 도움을 받지 않는다면 그것은 나에게 도움이 안 되는 것이다. 정신이 건강한 사람은 자신에게 도움이 되는 일만 하고 정신이 불건강한 사람은 자신에게 손해 보는 일만 한다. 무엇이 진정 나에게 도움이 되는지를 보고 도움이 되는 일을 해야 한다. 환자들을 치료하다 보면 자존심이 큰 병이라는 것을 알 수 있다. 자기를 소중히 하는 것과 자존심을 내세우는 것은 다르다. 자기를 소중히 하면 자기에게 도움이 되는 것을 하지만 자존심은 자기만의 뭔가를 고집하는 것이다. 자존심은 순리를 거부한다. 예를 들어 어떤 사람이 사업을 하다가 부도가 나면 친구가 전화를 해서 밥을 같이 먹자고 할 수 있다. 이때 자존심이 강하면 친구가 자기를 동정해서 그러나 생각해서 기분이 나쁠 수 있다. 그래서 안 만난다. 친구뿐만 아니라 거래처 아는 사람이

전화를 해서 만나자 해도 그렇게 생각할 수 있다. 부도는 났지만 여러 가지 일이 벌어진다. 그때 만나자는 사람도 만나고, 내가 필요한 사람도 만나고, 일처리도 하면서 최선을 다하면 또 어떤 일이 벌어질지 모른다. 자존심에 걸리면 일어날 수 있는 일이 안 일어나게 된다. 자존심이 막는다. 그래서 나에게 손해가 된다. 이런 점에서 자존심을 큰 병이라고 본다. 자존심이 있다는 것을 발견하면 자존심부터 없애야 한다. 나에게 도움이 되게 하는데 내가 장애가 되지 않도록 해야 한다. 내 생각이나 내 감정이 방해가 되면 그것을 해결해야 한다. 나에게 도움이 되게 하다 보면 정신이 건강해진다.

열여섯 번째, 독서를 통해 간접경험을 쌓는다. 살아가면서 우리가 할 수 있는 경험은 한계가 있다. 힘은 경험에서 나온다. 시간적, 공간적 한계 때문에 우리의 경험은 제한될 수밖에 없다. 우리의 한계를 벗어날 수 있는 것이 독서다. 독서를 하지 않으면 자기 한계 속에 살기 쉽다. 자기가 보고 들은 것에 갇히기 쉽다. 독서를 통해 다양한 사람들과 만나야 한다. 과거에 살았던 사람도 만나고 동시대 사람도 만난다. 나와 같은 일을 하는 사람도 만나고 다른 일을 하는 사람도 만난다. 책은 저자가 경험한 것을 써놓은 것이다. 책을 통해 저자가 한 경험을 같이 할 수 있다. 책을 읽을 때 어떤 사람은 자기 생각으로 책을 평가하면서 읽는 사람이 있는데 그러면 자기가 아는 것에 대한 확인밖에 안 되고 책을 통해 저자와 같은 경험을 할 수 없다. 아주 안 좋은 독서 습관이다. 책을 읽을 때는 저자가 앞에서 경험한 것을 들려준다고 상상하면서 저자의 경험 속으로 같이 들어가는 것이 중요하다.

꼭 책만 중요한 것은 아니다. 신문을 통해서도 우리는 다른 사람의 경험을 들을 수 있다. 나는 개인적으로 현대그룹을 만든 정주영 회장에 관심이 많다. 어떻게 그렇게 어마어마한 일을 할 수 있었을까 하는 관심으로 그분을 지켜봤다. 정주영 회장은 강원도 통천이라는 시골에서 살았는데 어려서부터 신문을 봤다고 한다. 동네 어른들이 기특해서 정주영이 신문을 보러 신문 보는 집에 오면 반겨 맞아주면서 신문을 보게 했다. 어린 정주영의 눈에 신문에는 통천이 아닌 세상, 다른 곳의 소식이 들어있다는 것을 알았다. 이것이 그가 또래 아이들과 다른 점이 아니었을까 한다. 물론 다른 점도 그가 현대그룹을 만들게 하는 힘이었겠지만 이 점도 그가 엄청난 일을 하게 한 요인이었다고 생각한다. 우리는 시간적, 공간적인 제약을 가지고 있다. 그 제약을 뛰어넘을 수 있는 길이 독서에 있다고 생각하고 독서를 통해 세상을 경험하고 세상을 있는 그대로 보는 눈을 갖게 된다면 우리의 정신도 건강해진다.

열일곱 번째, 즐거운 일을 나중에 한다. 이것은 미국 정신과 의사 스캇 펙이 쓴 『아직도 가야 할 길』에 나오는 이야긴데 정신 건강에 도움이 되어 소개한다. 재무 관리 업무를 담당하는 서른 살 된 여자가 자신이 할 일을 자꾸 뒤로 미루는 습관을 고치려고 스캇 펙을 찾아왔다. 첫 몇 개월 동안 스캇 펙은 정신 분석적인 방법을 통해 왜 환자가 자신의 일을 미루는지 알아보려고 했다. 사장에 대한 감정이 어떤지 그리고 그것이 부모나 권위자에 대한 태도와 어떻게 연관이 되어 있는지, 남편과 경쟁하고자 하는 욕구와 관련이 있는지 알아보았다. 이런 분석 작업을 수개월 했지만 환자는 여전히 할 일을 뒤로 미루었다. 그래서 가장 단순한 것부터 검토하기로 하였다. 케이크를 먹는 방식에 대해 물어보았더니 환자는 케이크에서 제일 맛있는 부분을 먼저 먹는다고 대답했다. 스캇 펙은 이 사람의 문제가 자기가 좋아하는 일을 먼저 하고 나중에 싫어하는 일을 한다는 사실을 알았다. 그것이 원인이었다. 그래서 이 환자에게 좋아하는 일을 제일 나중에 하라고 조언해 이 환자의 문제를 해결했다. 좋아하는 일을 먼저 해버리면 뒤에는 재미없는 일만 기다리니 재미도 없고 하기 싫어지는 것은 당연하다. 좋아하는 일이 뒤에 기다리고 있으면 희망도 있고 좋아하는 일을 할 생각만 해도 즐겁다. 나는 여름휴가를 뒤에 가는 편이다. 더워도 앞으로 휴가 갈 것을 생각하면 더위가 힘들게 느껴지지 않는다. 이처럼 우리가 좋아하는 일을 뒤로 배치하는 것도 살아가는 지혜다. 지금 힘든 일을 하지만 이것이 끝나면 내가 좋아하는 일이 기다리고 있다는 것이 우리를 덜 힘들게 한다. 좋아하는 일을 뒤로 배치해보는 것도 살아가는 지혜이고 이렇게 하는 마음이 되는 것이 정신이 건강해지는 길이다.

마지막 열여덟 번째는 자기 형편에 맞게 사는 것이다. 자기 형편에 맞게 살면 하나도 힘들지 않다. 형편이라는 것은 경제적인 형편을 포함해서 지위, 아는 것 모두를 포함한다. 모르면 모른다고 하면 되는데 모르면서 아는 체 하려고 하니 힘들다. 돈이 없으면 없다고 하면 되는데 있는 체하려고 하니 힘들다. 내가 나를 힘들게 하는 것이다. 지금 나의 형편은 그렇게 된 필연적인 과정이 있는 것이다. 그것을 보고 받아들이면 된다. 지금 내 모습이 어떻든 그것만 있도록 해야 한다. 다른 것이 있으면 그 차이만큼 괴로워진다. 우울증도 현재의 나와 다른 나가 있어 왜 다른 나처럼 못 살았나 또는 왜 못 사나 하는데서 온다고 볼 수 있다. 지혜로워지고 정신이 건강해지면 내가 하나만 있게 된다. 그것을 소중히 하고 다행으로 생각하고 그것을 기반으로 앞으로 나아간다. 힘들지 않다. 경제적이든 인간관계든 자신의 형편에 맞게 하면 어렵지 않고 그렇게 하는 것이 정신이 건강한 길이다.

정신과 의사가 들려주는
생각 사용 설명서
© 전현수, 2012

2012년 10월 2일 초판 1쇄 발행
2025년 9월 10일 초판 12쇄 발행

지은이 전현수
발행인 박상근(至弘) • 편집인 류지호 • 편집이사 양동민
편집 김재호, 양민호, 김소영, 최호승, 정유리, 이란희, 이진우 • 일러스트 김순애
디자인 쿠담디자인 • 제작 김명환 • 마케팅 김대현, 김대우, 이선호, 류지수 • 관리 윤정안
콘텐츠국 유권준, 김희준
펴낸 곳 불광출판사 (03169) 서울시 종로구 사직로10길 17 인왕빌딩 301호
　　　 대표전화 02) 420-3200 편집부 02) 420-3300 팩시밀리 02) 420-3400
　　　 출판등록 제300-2009-130호(1979. 10. 10.)

ISBN 978-89-7479-214-5 (03180)

값 17,000원

잘못된 책은 구입하신 서점에서 바꾸어 드립니다.
독자의 의견을 기다립니다. www.bulkwang.co.kr
불광출판사는 (주)불광미디어의 단행본 브랜드입니다.